Texte . Medien

Albrecht Gralle

Die Rückseite der Angst

Schroedel
westermann

Texte Medien

»Die Rückseite der Angst« von Albrecht Gralle

Mit freundlicher Genehmigung von Herrn Albrecht Gralle, Northeim.

Herausgegeben von Ingrid Hintz

Materialteil erarbeitet von Janette Münzer

Das Texte Medien –Programm zu »Die Rückseite der Angst«:
978-3-507-47055-2 Textausgabe mit Materialien
978-3-507-47355-3 Lesetagebuch

Druck A[6] / Jahr 2024
Alle Drucke der Serie A sind im Unterricht parallel verwendbar.

Redaktion: Barbara Holzwarth, München
Herstellung: Andreas Losse
Umschlaggestaltung und Layout: JanssenKahlert Design, Hannover
Umschlagfoto: © Image Source Pink/Alamy
Druck und Bindung: Westermann Druck GmbH,
Georg-Westermann-Allee 66, 38104 Braunschweig

ISBN 978-3-507-**47055**-2

INHALT

ALBRECHT GRALLE
Die Rückseite der Angst

Materialien

Zu diesem Buch

Dieses Buch handelt von der Freundschaft zwischen Robin und John. John kommt aus Ghana und Robin hat sich bisher keine Gedanken über die dunkle Hautfarbe seines Freundes gemacht. Aber dann wird John von den Schwarzen Adlern, die etwas gegen Ausländer haben, verfolgt und angegriffen. Robin und seiner Cousine Anja ist klar, dass sie John schützen müssen. Doch was können sie tun?

Es gibt viele Jugendliche, die gern Bücher lesen. Das ist erfreulich, denn wer liest, nimmt teil an den Lebensgeschichten, Erlebnissen, Problemen, Gedanken und Gefühlen der Buchfiguren. Deshalb sagt man: Wer liest, lebt doppelt.

Die Bücher der Reihe **Texte.Medien** wollen zum Lesen motivieren – im Unterricht in der Schule, aber auch zu Hause in der Freizeit. Sie wollen die Freude am Lesen steigern und „Lust auf mehr Bücher" machen.

Zu jedem Buch gibt es ein **Lesetagebuch**, das dabei helfen soll, sich selbstständig – individuell und gemeinsam mit anderen, die ebenfalls dieses Buch lesen – mit dem Inhalt und den Personen auseinanderzusetzen.

Viel Freude beim Lesen des Buches!

Für Fidelis Antwi

Albrecht Gralle
Die Rückseite der Angst

Knochenarms Aufgabe

Wie eine Lichtstraße durchschnitt ein Sonnenstrahl das
Klassenzimmer und landete auf Robins Tisch. Robin musste
blinzeln und sah, bevor er die Augen schloss, eine Menge
großer und kleiner Fingerabdrücke auf der Fensterscheibe.

Die Schulstunde dehnte sich mal wieder wie ein ausge-
lutschter Kaugummi. Unauffällig schob Robin seinen linken Hemdsärmel zur Seite und schaute auf die Uhr. Noch
zwanzig Minuten bis zum Klingelzeichen! Tödlich!

Er musste seine Augen zukneifen, weil das Licht ihn
immer noch blendete.

Aber Robin fand diese Sonnenstraße gut. Er stellte sich
vor, wie er in ein grün-silbernes Tragflächenauto einstieg,
die gläserne Kuppel schloss, den Hebel langsam nach oben
drückte und auf der Lichtautobahn nach draußen schoss,
weit weg von Schule und Langeweile. Genauso wie in
einem seiner Computerspiele zu Hause. Dort konnte man
im Cockpit die automatische Steuerung einlegen, sich dann
zurücklehnen, um für die nächsten Gefahren fit zu sein.

„Achtung, ich rufe Commander Robin! Commander Robin, bitte
kommen!"

„Ja, hier Robin. Ich bin auf den Koordinaten X2A5. Sprechen Sie!"

„Wir haben einen neuen Auftrag für Sie, Commander Robin. Bitte
überprüfen Sie die Umlaufbahn des Planeten Xerion 3. Verdacht auf
Meteoriteneinfall."

„Roger." Robin tippte einige Zahlenkombinationen auf seinen
Bordcomputer, verließ die Lichtautobahn und suchte auf seinem Bildschirm den Planeten Xerion 3.

*Commander
hier: Führer
eines Raum-
schiffs*

*Meteorit
Gesteinsbrocken,
der aus dem
Weltall in die
Erdatmosphäre
eindringt*

„Also, hört mal alle her."

Der Geräuschpegel nahm langsam ab, Maren unterbrach ihre heimliche Frühstückspause und legte die Schokolade unauffällig in ihr Fach zurück.

„Auch ein gewisser Robin." Pause.

„Herr Robin Schwarz!"

Robins Auto landete unsanft auf einer Hochebene. Es knirschte, und etwas schlug gegen die Glaskuppel.

Robin schaute auf und blinzelte.

„Nachdem Robin, unser Träumer, jetzt auch auf Sendung ist", alle lachten, „kann ich endlich meine Ansage loswerden."

Das ist mal wieder typisch Knochenarm, dachte Robin genervt. Knochenarm war ihr Deutschlehrer, und die Klasse hatte ihn deshalb so getauft, weil er manchmal, wenn er sich setzte oder schnell aufstehen musste, gequält den Satz ausstieß: „Meine armen Knochen!" Und deshalb nannten ihn die Schüler Knochenarm.

Dabei war Knochenarm noch gar nicht so alt, genau achtundvierzig, und gehörte zu den etwas jüngeren Lehrern. Eigentlich hieß er ja Herr Lubinski. Aber die Klasse fand, Knochenarm klinge besser.

Na ja, und typisch für Knochenarm war eben, dass er oft Bemerkungen losließ, die witzig klingen sollten, aber in Wirklichkeit waren sie eher verletzend.

Robin ärgerte sich. Dieser Mistkerl! Ist doch seine Schuld, wenn der Unterricht total langweilig ist. Was kann ich denn dafür, wenn ich mir deshalb was Interessantes ausdenken muss?

Übrigens sah Robin, der Träumer, gar nicht wie ein Träumer aus. Er hatte keine blasse Haut und große Augen, sondern wirkte eher ein bisschen wild. Das lag vermutlich an den vielen Haarwirbeln und an seinen kleinen, verschmitzten Augen, die einen ganz schön frech anblitzen konnten.

Knochenarm lehnte sich gegen die Tischkante. „Ich hab für euch eine tolle Aufgabe."

„Na, da bin ich ja gespannt", murmelte Robin.

Knochenarm verließ die Tischkante, schlenderte zum Fenster und sah hinaus. Vom Schulhof unten drangen gedämpft Rufe nach oben. Knochenarm öffnete das Fenster und brüllte: „Ruhe, da unten!" Er schloss es wieder und brummte: „Schon wieder diese Chaotengruppe."

Dann drehte er sich zur Klasse um. „Hamburg im Jahr 2050."

Die Schüler schauten ihn stirnrunzelnd an.

„Ja, ihr habt richtig gehört. Hamburg im Jahre 2050. Das ist euer Aufsatzthema. Ihr habt eine Woche Zeit ..."

Ein Summen und Murmeln ging los.

„Ich möchte nicht", fuhr Knochenarm fort, „dass ihr irgendwelche Fernsehserien nacherzählt, wie Raumschiff Entenscheiß oder Schdardreck", keiner lachte, „das kann jeder, sondern, dass ihr euch etwas Eigenes ausdenkt. Schaut euch um. Stellt euch vor, wie die Technik sich weiterentwickelt oder wie die Menschen sich verändern, die Kleidung zum Beispiel, oder die Sprache, wie die Wohnungen aussehen, was die Leute arbeiten oder zu Hause tun. Wie sie sich verhalten ... Wenn ihr wollt, könnt ihr auch ein Bild dazu malen."

John, der neben Robin saß, meldete sich: „Wie viele Seiten?"

„Mindestens fünf DIN-A4-Seiten."

Ein Stöhnen ging durch die Klasse.

Knochenarm setzte sich halb auf die Tischkante, murmelte: „Meine armen Knochen!", und fuhr dann fort: „Nun tut mal nicht so, als ob das viel wäre! Ich garantiere euch, wenn ihr erst mal angefangen habt, fallen euch 'ne Menge Sachen ein. Manche werden mit fünf Seiten gar nicht auskommen. Ihr müsst ja nicht alles auf einmal machen, sondern könnt jeden Tag ein bisschen schreiben ..."

Robin hörte schon nicht mehr zu, aber nicht weil er sauer war, sondern weil ihn der Gedanke begeisterte. Endlich hatte Knochenarm mal eine gute Idee gehabt! Ha! Fünf Seiten! Ihm fielen dauernd Zukunftssachen ein. Für ihn war es vermutlich schwierig, sich zu entscheiden, was er auswählen sollte.

„Auf jeden Fall ...", Knochenarm streckte sich, „hoffe ich, dass ..." Der Lärm unten auf dem Schulhof war wieder stärker geworden. Trotz des geschlossenen Fensters konnte man hören, was die von unten brüllten: „Türken, Schwarze, gelbe Säcke bringen wir bald um die Ecke."

„Das ist doch unglaublich!", rief Knochenarm, stürzte zum Fenster, riss es auf und rief: „Wenn ihr nicht bald verschwindet, rufe ich die Polizei!"

Von unten hörte man nur Gelächter und sofort setzte der Sprechchor wieder ein: „Wir sind die deutsche Müllabfuhr und sind dem Abfall auf der Spur!" Aber immerhin ging die Gang zum Ausgang. Betont langsam.

Gang
Bande

Es klingelte. Knochenarms Stimme wurde wieder laut, um das Klingeln zu übertönen. „Und gebt euch Mühe!"

Er packte seine Sachen zusammen und verließ den Raum.

Sofort fing das Stimmengemurmel an, als ob jemand an einem Lautstärkeregler gedreht hätte.

Robin verstaute stumm seine Hefte und Bücher. Dabei dachte er an den Sprechchor der Gang, der ihm noch in den

Ohren klang: „Wir sind die deutsche Müllabfuhr und sind dem Abfall auf der Spur!"

Seltsam, manche blöden Reime bekam man einfach nicht aus dem Kopf. Sie saßen fest wie Ungeziefer, das sich in den hintersten Winkeln eines Hauses verkriecht und bei Dunkelheit sofort wieder herauskommt.

Die Jugendlichen, die seit einiger Zeit im Schulhof auftauchten und ihre Sprechchöre durch die Gegend brüllten, beschäftigten Robin. Bisher hatte er die Gruppe nur von Weitem gesehen. Und wenn er sie sah, versuchte er immer, in einer Seitenstraße zu verschwinden, denn er hatte gehört, dass sie gerne Leute anpöbelten.

Sie waren immer schon von Weitem an ihren schwarzen Lederjacken zu erkennen. Und auf ihrem Kopf hatten sie sich einen Mittelstreifen ausrasiert, den man nur von vorne oder von hinten richtig sehen konnte. Auf ihrem rechten Handgelenk prangte ein tätowierter schwarzer Adler. Aber das hatte Robin noch nicht selber beobachtet, sondern nur von anderen gehört. So dicht hatte er sich noch nicht herangetraut. Jedenfalls nannten sie sich Schwarze Adler. Einer aus der Gruppe musste in seiner Nähe wohnen, denn Robin hatte ihn schon öfters durch seine Straße gehen sehen. Er trug eine schwarze Hornbrille.

Als Robin den Schulhof verließ, bog er in die Hauptstraße ein mit den großen Kastanienbäumen, auf deren Ästen ein paar Spatzen hockten. An den Zweigen konnte man schon die ersten winzigen Blätter erkennen, die den Baum mit einem Hauch von Grün umrahmten. Es war März.

Aber das sah Robin nicht. In Gedanken stand er neben seinem Superauto auf der Hochebene und untersuchte den Schaden.

Die plötzliche Landung vorhin, während der Schulstunde, war hart
gewesen.

Aber die Glaskuppel aus kugelsicherem Superglas hatte nur einen
winzigen Kratzer abbekommen. Erleichtert stieg Robin ein und startete.
Er verließ den fremden Planeten, auf dem er hatte notlanden müssen, 5
und begab sich wieder in seinen Sendebereich. Nachdem er seinen
Monitor eine Zeit lang beobachtet hatte, drückte er auf einen Knopf.

„Bodenstation, bitte melden! Hier spricht Commander Robin."

„Roger. Hier Leutnant Frank. Empfang gut."

„Kurze Notlandung auf P4. Auf meinem Flug zu dem Planeten Xe- 10
rion 3 habe ich fremde Raumschiffe gesichtet mit einem schwarzen
Mittelstreifen und einem Adler an der rechten Seite. Es handelt sich
eindeutig um Feinde. Schalte jetzt um auf unsichtbar."

Commander Robins Superauto, gleichzeitig ein Raumschiff, war mit
den neuesten Erfindungen ausgestattet. Durch Knopfdruck wurde ein 15
Magnetfeld aufgebaut, das das Superauto für feindliche Bildschirme
und Radarsysteme unsichtbar machte.

„Achtung, Commander Robin ..."

„Ich versuche, so nahe wie möglich heranzukommen ..."

„Achtung, Commander. Bitte bleiben Sie, wo Sie sind. Sie haben 20
keinen Befehl ..."

„He Robin! Warte doch!"

Robin drehte sich um und sah John. Er konnte gerade
noch in sein eingebautes Mikrofon ein: „Ende. Melde mich
bald zurück", sagen, da hatte John ihn schon eingeholt. John 25
atmete heftig.

„Du warst so schnell verschwunden."

„Hm."

Sie gingen beide nebeneinander her. Eigentlich wäre
Robin gerne noch ein bisschen allein gewesen, er war so 30
richtig in seine Fantasiewelt abgetaucht. Aber er mochte
John, denn man konnte mit ihm unheimlich viel bespre-

chen, obwohl er so anders war, oder vielleicht gerade deshalb.

Seine persönliche Mission, die feindlichen Raumschiffe zu verfolgen, konnte Robin später auch noch fortführen. Er würde einfach die Zeit anhalten. Ziemlich praktisch.

„Was machst du heute Nachmittag?", fragte John.

„Weiß noch nicht."

„Wollen wir uns verabreden?"

Robin nickte. „Klar. Warum nicht? So um drei?"

„Okay."

Sie schlenderten stumm nebeneinander her. Da hörten sie von hinten Schritte. Robin drehte sich um und sah vier Jugendliche in schwarzen Lederjacken, mit kahlem Mittelstreifen auf dem Kopf. Die rannten auf John zu, boxten ihn in die Seite und riefen: „Nigger, go home! Ein Gruß von der deutschen Müllabfuhr!"

John, der damit nicht gerechnet hatte, hielt sich die Seite und stöhnte. Wütend drehte sich Robin um und starrte den Lederjacken hinterher.

Er war hin- und hergerissen und wusste nicht, was er tun sollte. Zum Glück waren noch andere Leute auf der Straße, sodass die Schwarzen Adler sich nicht getrauten, mehr zu machen. Aber hinterherrennen wollte Robin auch nicht. Er allein gegen vier, das überstieg seine Kräfte. Der Typ mit der Hornbrille, der in seiner Nähe wohnte, war auch dabei gewesen, das hatte Robin noch erkennen können.

„Schweine!", stieß er hervor und fragte John: „Tuts noch weh?"

„Geht schon wieder."

Sie gingen langsam weiter.

„Stell dir vor, John", sagte Robin nach einer Weile, „ich hab gar nicht gleich kapiert, warum sie dich Nigger genannt haben, erst als sie weg waren, fiel mir wieder ein, dass du ja eigentlich aus Ghana kommst und dunkle Haut hast. Verrückt."

John lachte und ließ seine weißen Zähne sehen. „Mensch, Robin, wo bist du bloß mit deinen Gedanken?"

„Quatsch. Das hat nichts mit Gedankenlosigkeit zu tun. Fang du nicht auch noch an." Er kratzte sich am Kopf. „Weißt du, ich kenne dich ungefähr seit ... zwei Jahren und seh dich fast täglich, und ... und ich hab mich so an deine dunkle Haut gewöhnt, dass mir das gar nicht mehr auffiel."

John boxte ihm freundschaftlich in die Seite. „Eigentlich finde ich das gut, Robin, ehrlich. Wenn nur die anderen auch so denken würden."

„Passiert das öfter, dass du angemacht wirst?"

„Ja, in letzter Zeit schon. Meine Schwestern werden auch schon angepöbelt. Aber wir können im Augenblick nicht nach Ghana zurück. Außerdem habe ich keine Lust dazu. Mir gefällt es ganz gut hier. Der Tischtennisverein, die Klasse ... Weißt du, es ist immer dasselbe: Wenn die Leute mich erst mal kennen, dann sind sie ja ganz nett ... aber ich falle halt auf."

Robin fasste mit seiner Hand in Johns dicke Kraushaarwolle. „Deine Haare finde ich jedenfalls echt cool."

John lachte. „Ja, ich kann sogar einen Bleistift darin verstecken."

„Oder einen Spickzettel?"

„Das auch."

Robins Stimme wurde wieder wütend. „Na warte, wenn ich diese Kerle erwische, dann ..."

John musste unwillkürlich lachen. „Mensch, Robin, du bist wohl größenwahnsinnig geworden. Gegen die kommst du nicht an. Häng dich da nicht rein. Die sind stärker als du und ich." Er blieb stehen.

„Also, bis drei."

„Bis drei."

John musste nach rechts in seine Straße einbiegen und Robin überquerte die Kreuzung.

5 „Achtung. Hier spricht Commander Robin, bitte melden."

„Bodenstation. Leutnant Frank. Sprechen Sie!"

„Die feindlichen Raumschiffe mit dem schwarzen Adler sind immer noch unterwegs. Nehme Verfolgung auf. Sieht nach einer Flotte von feindlichen Rassisten aus."

10 „Hören Sie, Commander Robin, bleiben Sie, wo Sie sind. Ich wiederhole: Bleiben Sie …"

Commander Robin schaltete den Funkkontakt aus, stellte seine Höchstgeschwindigkeit ein und näherte sich der Rassistenflotte.

Sobald er in Schussentfernung war und der Feind auf dem Bild-

15 schirm der automatischen Superabwehrvorrichtung erschien, drückte er auf den Knopf.

Sekunden später flog ein Raumschiff auseinander. Danach das zweite, das dritte. Als die übrigen sahen, dass sozusagen aus dem Nichts Schüsse fielen, ergriffen sie die Flucht und flogen in verschie-

20 denen Richtungen davon. Commander Robin drehte bei und kehrte auf seinen Beobachtungsposten zurück. „So, das hätten wir erledigt …"

Als Robin zu Hause ankam und in den Flur trat, kam ihm sein Vater aus der Küche entgegen.

Robin warf die Tasche auf den Boden und fragte: „Was

25 gibts heute zu essen? Ich hab einen Bärenhunger!"

Sein Vater verschränkte die Arme.

„Heute gibt es gebratenen Seetang mit eingelegten Spinnenbeinen."

Robin warf seinem Vater einen skeptischen Blick zu

30 und wollte an ihm vorbei in die Küche. Aber sein Vater versperrte ihm den Weg.

„Vorher bringst du deine Tasche in dein Zimmer."

„Muss das sein?"

„Ja, das muss sein."

Robin trottete mit seinem Gepäck in Richtung Zimmer.

„Übrigens, es gibt Bratkartoffeln und Würstchen." ₅

Robin warf seine Schultasche neben das Bett. „Nicht übel."

Stummer Fisch

Kurz nach drei klingelte es bei Robin. Aber niemand machte auf. Schließlich ging die Wohnungstür auf, Robins ₁₀ Vater öffnete, erkannte John und rief nach oben: „Für dich, Robin."

Keine Antwort.

„Geh schon mal hoch, wahrscheinlich hat er die Kopfhörer auf!" ₁₅

John nickte und verschwand im oberen Flur.

Aus Robins Zimmer kamen seltsame Geräusche: ein Krachen, gefolgt von einem langgezogenen Quietschen, das sich wie Autoreifen auf nasser Fahrbahn anhörte.

Als John öffnete, sah er Robin vor seinem Computer sit- ₂₀ zen und gerade ein Autorennen fahren.

Robin drehte sich um, als die Tür aufging. „Ach, du bist es. Bin gleich fertig."

John ließ sich auf eine ausgediente Couch fallen, auf der ein zerknülltes Schokoladenpapier und eine auseinan- ₂₅ dergebrochene Pistole lagen, und verfolgte das Rennen auf dem Bildschirm.

Als sich Robins Auto überschlug, gegen die Barriere prallte und sofort in Flammen stand, ging er aus dem Spiel und schaltete den PC ab. ₃₀

„Na, wie läufts?", fragte Robin.

„Na ja", brummte John und fuhr dann lebhafter fort: „Ich hab übrigens schon mit dem Aufsatz angefangen."

Robin zog die Augenbrauen hoch. „Bist du verrückt? Seit wann fängst du so früh mit den Hausaufgaben an?"

„Tut mir leid", grinste John, „ein Versehen. Hat ausnahmsweise Spaß gemacht. Ich hab sogar mein Heft dabei ..."

Es klopfte zaghaft an der Tür.

„Komm rein."

Die Tür öffnete sich und ein Mädchen in Robins Alter erschien im Türrahmen mit einem Heft unter dem Arm. „Hallo Robin, ich hab eine Frage in Mathe und ..." Ihr Blick fiel auf John, sie stockte, dann sagte sie schnell: „Hallo."

„Ach so", half Robin, „das ist Anja, meine Cousine. Sie ist für ein paar Wochen zu uns gezogen, weil ihre Mutter krank ist."

Anja hatte sich rasch gefasst: „Na ja, und damit ich in der Schule dranbleibe, sagt mir meine Freundin, was sie in der Klasse machen und so." Sie schwieg. „Wir telefonieren jeden Tag."

„Ja, und das", sagte Robin und deutete auf John, „ist John, oder genauer: John ... ehm ..."

„John Awuku Asamoa", John grinste. „Aus Ghana, Westafrika."

„Aha", sagte Anja, die noch immer zögernd im Türrahmen stand.

„Los, Anja, komm rein und setz dich." Robin gefiel seine Rolle als großartiger Gastgeber immer besser.

Anja hatte braune, halblange Haare und eine kleine Stupsnase. Eine Familienähnlichkeit mit Robin war nicht zu übersehen: Bei beiden kam an der linken Wange ein Grübchen zum Vorschein, wenn sie lachten.

Anja hatte etwas Übergewicht und als sie sich neben John auf das ausgeleierte Sofa setzte, quietschten die Federn ziemlich laut. Sie lachte verlegen.

Aus den Augenwinkeln schielte sie zu John hinüber. So dicht hatte sie noch nie neben einem Afrikaner gesessen. ₅

John hatte sie die ganze Zeit über nicht aus den Augen gelassen und Robin beobachtete das erstaunt. Dass sich jemand für seine Cousine interessieren könnte, die seiner Meinung nach nicht gerade überwältigend aussah, war für ihn neu. Plötzlich hatte er eine Idee und sagte: „Übrigens ₁₀ wollte John mir die erste Seite seines Aufsatzes vorlesen: Hamburg im Jahr 2050. Anja kann doch sicher zuhören, John, oder nicht?"

Robin wusste genau, dass John das furchtbar peinlich war, immerhin kannte er ihn schon seit zwei Jahren. ₁₅

John bekam einen Schreck und sprang auf. „Nein, nein! Das geht nicht. Kommt gar nicht infrage, es ist ja nur ein erster Versuch."

John sah dabei so erschrocken aus, dass es schon wieder komisch wirkte. Anja und Robin mussten beide unwillkür- ₂₀ lich lachen.

Als John merkte, wie sein Erschrecken angekommen war, lachte er einfach mit. Das Eis war gebrochen.

„Okay", meinte Robin und tat ein bisschen so, als ob er alle Mathematikaufgaben mit links lösen könnte. „Was ₂₅ wolltest du denn wissen, Anja?"

Sie nahm das Heft, das sie auf den Boden gelegt hatte, und blätterte darin.

Eine Weile waren die drei mit Mathematik beschäftigt. ₃₀

Draußen schien die Sonne und ihre Strahlen, die durch das Geäst eines riesigen Kirschbaumes vor dem Haus fielen, warfen manchmal helle Sonnenpunkte auf die Tapete und auf Robins Weltraumposter. Wenn ein Windstoß kam, fingen die hellen Flecken an zu tanzen.

John schaute zwischendurch gar nicht in das Heft und war auch sonst nicht so richtig bei der Sache. Ihm gefiel Anja. Er war fasziniert von ihrer Haut und den feinen Härchen im Nacken, die immer aufleuchteten, wenn die Sonne sie traf.

Anja klappte das Heft zu.

„He! Was ist denn das?", fragte Robin und deutete auf die Rückseite des Matheheftes.

„Ach, nichts", sagte Anja schnell und drehte das Heft um.

„Lass doch mal sehen, Anja. Das war doch eine Zeichnung, oder?"

„Ja, schon", sagte sie widerstrebend.

„Ich möchte sie auch sehen", schaltete sich jetzt John ein.

„Aber es ist wirklich nichts Großartiges, nur so ein Gekritzel, das ich im Unterricht gemacht habe."

„Komm schon", drängte Robin.

Anja seufzte. „Ich zeigs euch nur, wenn ihr mir versprecht, dass ihr mich nicht auslacht."

„Abgemacht. Ein Mann, ein Wort!", sagte Robin.

„Eine Frau, ein Wörterbuch." Das war John so rausgerutscht.

Robin und Anja lachten.

„Wo hast du das denn her?"

„Weiß nicht, hab ich mal gehört."

Jetzt war Anja bereit, ihr Bild zu zeigen. Es war wirklich nur ein Gekritzel, das man aus lauter Langeweile gedankenlos auf ein Papier malt. Und doch hatte es Sinn.

Um einen Tisch herum, auf dem dampfendes Essen stand, saßen drei Gestalten, die recht merkwürdig aussa-

hen: Links hockte auf einem Stuhl eine große Maus oder
Ratte. In der Mitte, hinter dem Tisch, sah man ein mensch-
liches Gesicht, das aber viel kleiner war als das Gesicht
der Ratte. Und ganz rechts lag oder stand ein großer Fisch
und hatte die Augen geschlossen. Man erkannte es an den ₅
Wimpern, die Anja überdeutlich gezeichnet hatte. Da-
durch wirkte der Fisch so menschlich, weil Fische ja eigentlich keine Wimpern haben.

Zunächst war es im Zimmer still, dann sagte Robin:
„Was sind denn das für Typen? Das eine Tier sieht aus wie ₁₀
eine Maus ...“

„Ja, das soll eigentlich ein Wiesel sein, so ein rasches,
flinkes, wuseliges Tier eben.“

„Aber in der Mitte“, sagte John sehr bestimmt, „das bist
doch du, Anja?“   ₁₅

Anja schaute überrascht zu John hinüber und nickte.
„Ja, das bin ich. Wie hast du mich denn erkannt?“

John hob seine Schulter. „Na ja, das Mädchen auf dem
Bild hat eine ähnliche Frisur.“

„Dann sind die anderen“, meinte Robin leise, „deine El- ₂₀
tern, Tante Elisabeth und Onkel Bert?“

Anja nickte stumm.

Irgendwie fühlten die Jungen, dass sie ein Geheimnis
entdeckt hatten, als ob sie in ein verbotenes Zimmer hi-
neingestolpert wären und nun nicht genau wüssten, was ₂₅
sie tun sollten.

Ein trauriges Gefühl hüllte sie ein wie eine Decke und
gleichzeitig merkten sie, dass Anja ihnen etwas sehr Ver-
trauliches gezeigt hatte.

Nach einer Weile meinte Robin: „Und warum hast du ₃₀
deine Eltern so gemalt?“

Anja stützte sich mit den Händen auf die Bettkante und
betrachtete die gegenüberliegende Wand.

„Das war nur so eine Idee. Ich ... ich hab nicht viel darüber nachgedacht. Für mich ist eben meine Mutter so flink und rasch, sie wuselt überall herum und ist ziemlich hektisch und nervös. Und mein Vater ...", sie schluckte, „mein Vater, der ist meistens stumm wie ein Fisch, der sitzt nur da und sagt kaum was. Früher war das nicht immer so. Aber ... aber seit er arbeitslos ist ... ist er immer so komisch."

„Also, mein Vater hat zurzeit auch keine Stelle", sagte Robin, „aber er ist ziemlich vergnügt. Neulich hat er gesagt: ‚Kinder, bin ich froh, dass ich gerade keine Arbeit habe, ich hab mit meinen Hobbys so viel zu tun!'"

Anja winkte ab. „Nach einem halben Jahr ändert sich das, glaub mir."

Sie nahm das Heft und legte es zur Seite.

„Und warum bist du dann nicht zu Hause bei deinem Vater?", fragte John.

„Im Augenblick muss er sich in Dortmund vorstellen. Klar, ich hätte auch allein zu Hause bleiben können, aber Robins Mutter hatte mich so freundlich eingeladen, und ... na ja."

Sie betrachtete ihre Fingernägel und fügte hinzu: „Vielleicht klappt es ja mit der Stelle. Aber das bedeutet, dass wir dann umziehen müssten."

Anjas Stimme wurde leiser und man merkte, dass sie von einem Umzug nicht begeistert war.

Sie stand auf. „Ich muss noch eine Sache erledigen, und dann komme ich zurück, um Johns Aufsatz zu hören, okay?"

John wiegte seinen Kopf bedenklich hin und her. „Na gut", lächelte er.

Als Anja draußen war, meinte Robin: „Na, wie gefällt dir meine Cousine?"

John blickte zum Dachfenster hinaus, blinzelte gegen die Sonne und murmelte: „Jo, ganz nett."

Robin lachte. „Ganz nett? Na, hör mal, dir sind ja fast die Augen aus dem Kopf gefallen, als sie zur Tür reinkam!"

John drehte sich um und sah Robin an. „Okay, wenn dus wissen willst. Sie gefiel mir wirklich sehr gut. Ist das schlimm?"

„Quatsch. Ich muss mich nur an den Gedanken gewöhnen, dass jemand meine Cousine mag. Ich finde, sie ist ein bisschen zu dick."

John lachte. „In Ghana haben nur dicke Frauen Heiratschancen. Anja würde in meiner Heimat sehr gut ankommen. Außerdem hat sie zwischen den Vorderzähnen eine kleine Lücke. Das ist in Ghana ein Schönheitsideal. Bei den kleinen Mädchen stecken die Mütter Papierstreifen zwischen die Zähne, damit die Lücke bleibt ..."

Jetzt lachte auch Robin. „Ich werd verrückt! Meine Cousine das neue Schönheitsideal! Das klingt ja, als ob du sie am liebsten heiraten würdest!"

„Ach was, du spinnst." Johns Stimme hatte einen ärgerlichen Unterton. „Nur weil ich Anja mag, muss ich sie doch nicht gleich heiraten. Außerdem kannst du das sowieso nicht verstehen."

„Was kann ich nicht verstehen?"

John stützte seinen Kopf in beide Hände. „Weißt du, bei Anja hab ich sofort gespürt, dass sie mich nicht gleich ablehnt. Und für mich bedeutet das sehr viel ..."

„Na hör mal, es gibt hier 'ne Menge Leute, die dich nicht ablehnen!"

„Ja schon, aber es ist für mich total schwierig, eine ... eine Freundin zu haben. Welches Mädchen will sich schon mit einem Afrikaner befreunden? Und so viele ghanaische Familien gibt es hier auch nicht."

Robin schwieg. „Stimmt. Darüber habe ich noch nie nachgedacht. Sag mal, John ..."

Sie wurden unterbrochen. Die Tür öffnete sich und Anja kam wieder herein. Man sah ihr an, dass sie sich freu-
te, dabei zu sein und jemanden zu haben, mit dem man quatschen konnte, auch wenn es nur Jungens waren. In ihrer Hand hielt sie eine Tüte.

Anja setzte sich auf das Bett, zog ihre Beine hoch, lehnte sich gegen die Wand und meinte: „Also, ich bin gespannt,
wie Hamburg im Jahr 2050 aussehen wird." Sie nahm die Tüte in beide Hände und riss sie auf. „Hier ist was zum Knabbern."

John und Robin ließen sich nicht zweimal dazu einla-den und griffen zu. Es knackte und der Geruch von Kartof-
felchips verbreitete sich im Raum.

John kramte sein Heft heraus, räusperte sich und las:

„Hamburg im Jahre 2050. Es ist sieben Uhr. Ich werde von meiner automatischen Weckvorrichtung geweckt. Mein Bett hebt und senkt sich, schwankt hin und her, und
wenn ich nicht gleich aufstehe, werde ich hinausgewor-fen ..."

„Das ist gut", warf Robin dazwischen, „so was müsste ich haben!"

„Ich stehe also schnell auf", las John weiter, „gehe in die
Duschkabine und drücke auf einen Knopf. Langsam strömt aus der Wand warmer Wasserdampf heraus und hüllt mich ein. Ich drehe mich ein paarmal hin und her, seife mich ein und drücke auf einen anderen Knopf. Sofort kommt Was-ser ... ehm ... nein, ich schreibe mal: sprüht." John suchte in
dem Chaos auf Robins Schreibtisch nach einem Bleistift, fand einen zerkauten Stummel und kritzelte herum.

„Also ...: sofort sprüht Wasser auf mich ein, und ich bin sauber."

„Mann, wenn du so ausführlich weiterschreibst, brauchst du mindestens zwanzig Seiten", meinte Robin.

„Wieso?", fragte Anja. „Er braucht ja nicht das gesamte Leben zu erzählen, sondern nur einen Teil."

John nickte. „Genau."   5

Anja und John wechselten einen schnellen Blick, dann las John weiter:

„In der Küche höre ich schon die vertrauten Geräusche der Frühstücksmaschinen. Ich sage zu meiner Frau ..."

„Was? Du hast eine Frau?", wunderte sich Robin.   10

„Klar. Im Jahre 2050 bin ich doch schon zig Jahre verheiratet."

„Ach so. Und ... und wie sieht deine Frau aus? Vielleicht so wie Anja?"

Robin musste sich ducken, weil Anja blitzschnell ein   15 Kissen genommen und es in Robins Richtung geworfen hatte. Es landete knapp neben dem Fenster.

„Das ist typisch Robin", meinte Anja halb entschuldigend zu John, „er ist fürchterlich frech, schlecht erzogen und merkt nicht, wenn er sich danebenbenimmt."   20

„Vielleicht lernt ers ja noch?", grinste John und lachte.

„Ja, ja, ich weiß, ihr seid schon fast erwachsen und über jeden Blödsinn erhaben ..." Robin griff in die Tüte und holte sich eine Hand voll Chips heraus. Er war verstimmt. Vorhin fand er es ganz witzig, dass die beiden sich mochten, 25 aber jetzt wurden sie beleidigend. Das ging zu weit. Überhaupt, wie sie so dasaßen. So angeberisch. Grinsten sich ständig an. Widerlich.

„Na, komm, lies mal weiter", sagte Anja.

Gleich fällt sie ihm um den Hals, dachte Robin.   30

„Also ..., ach hier: Ich sage zu meiner Frau: Heute muss ich schnell zu einer Sitzung nach Hongkong, kann ich den Überschallflieger nehmen oder brauchst du ihn?"

John klappte sein Heft zu. „Das wars erst mal."

Sie schwiegen. Draußen war es windstill geworden, der Tanz der Sonnenflecken hatte aufgehört und die Sonne schien auf eines von Robins Postern mit einem Fantasieplaneten.

„Ich fands ganz gut", sagte Anja, „bin gespannt, wies weitergeht." Sie drehte sich zu Robin. „Und was ist mit dir? Hast du schon was geschrieben?"

Robin schüttelte den Kopf. „Nöö. Ich weiß noch nicht, was ich nehmen soll. Mir fällt einfach zu viel ein. Ich könnte zum Beispiel eine Story bringen, wo ich mit meinem Raumschiff unterwegs bin und Hamburg vor einer Katastrophe retten muss …"

„Das könnte ein bisschen angeberisch klingen, meinst du nicht?" Anja grinste.

Robin brummte vor sich hin. „Oder", fuhr er fort, „ich könnte gerade an einer Unterwasserstadt unter der Alster bauen und dann passiert ein Unfall und …"

Alster
Fluss in Hamburg

„… und der tapfere Unterwasserfachmann Robin Schwarz rettet die Anlage …", sagte Anja spöttisch. „Er fährt mit offenem Verdeck durch die Straßen der Unterwasserstadt, Konfetti fällt aus dem Wasserhimmel und …"

Robin zog ärgerlich die Augenbrauen zusammen. „Was soll das? Dauernd meckerst du an mir herum! So was muss man im Keim ersticken!" Er nahm ein Kissen und schleuderte es ziemlich heftig in Anjas Richtung.

etwas im Keim ersticken
etwas unterdrücken, sodass es gar nicht erst zum Entstehen kommt
(Redensart)

Fast gleichzeitig flog aus Johns Richtung ein anderes Kissen knapp an ihm vorbei. Robin stand auf, nahm eines seiner alten Kuscheltiere, die immer noch im Zimmer unbeachtet herumlagen, einen Riesenaffen, und schleuderte ihn in Anjas Richtung. Sie duckte sich und der Affe donnerte gegen einen Kasten, der umkippte, auf den Boden fiel und eine Hand voll Filzschreiber verstreute. Jetzt warf sich John auf den Affen, griff ihn an einem Bein und warf ihn mit voller Kraft zu Robin hinüber. Er traf Robin mitten ins Gesicht, sodass es richtig wehtat.

„Na warte!", schrie Robin und warf sich auf John. Er war jetzt richtig wütend auf die beiden. Das war kein Spiel mehr. 5

„Aufhören!", schrie Anja.

Im gleichen Augenblick öffnete sich die Tür und Robins Vater erschien, um zu sehen, was los war.

„Ach so, nur eine Kissenschlacht", meinte er. „Ich dachte schon, eine Gruppe Außerirdischer wäre hier gelandet." 10

Robin macht eine Entdeckung

Als Robin am nächsten Nachmittag vom Tischtennisklub zurückgeradelt kam, sah er plötzlich an einer Häuserecke einen von den Schwarzen Adlern gehen. Es war der mit der Hornbrille. Ausnahmsweise war er allein. Ohne 15 viel zu überlegen, nahm Robin die Verfolgung auf.

„Achtung, hier spricht Commander Robin. Bodenstation, bitte melden!"

„Leutnant … Boris. Wir hören Sie." (Frank hatte wohl seinen freien Nachmittag.)   20

„Habe festgestellt, dass mein Einsatz neulich gegen die Rassistenraumschiffe nicht völlig erfolgreich war, einige Gegner sind entkommen. Ich werde einen zweiten Versuch machen."

Es rauschte in der Leitung.

„Hier Leutnant Boris. Commander Robin, wir haben den Eindruck, 25 dass Sie zu viel nebenher machen und Ihren eigentlichen Auftrag vernachlässigen. Wir raten Ihnen dringend …"

Der Commander schaltete sich ungeduldig ein: „Tut mir leid, dass ich Ihnen widersprechen muss, Boris. Diese Verfolgung ist sehr wichtig. Vielleicht steckt mehr dahinter. Melde mich zurück, sobald ich wieder einsatzbereit bin."

Die Lederjacke bog jetzt in eine Seitenstraße ab und Robin folgte ihr in sicherem Abstand. Schließlich blieb der
5 Junge stehen, öffnete eine Gartentür, kramte nach seinem Hausschlüssel, schloss die Tür auf und verschwand.

Robin wartete hinter einem Baum, aber in Gedanken saß er wieder in seinem Raumschiff:

Commander Robin, der eine Zeit lang gewartet hatte, bis das an-
10 geschossene Fahrzeug der Rassisten in die Lufthülle des fremden Planeten eingetaucht war, betätigte die Bremsvorrichtung und näherte sich ebenfalls der milchigen Atmosphäre. Sobald er in die Lufthülle eintrat, las er interessiert die Daten über die Luftzusammensetzung auf seinem Monitor: „Aha. Wie ich es mir gedacht hatte: Ich brauche
15 also meine Sauerstoffflasche. Die Luft auf dem Rassistenplaneten ist absolut giftig für mich."

Er schaltete wieder auf unsichtbar und überflog jetzt die Spitzen der merkwürdig flach gezackten Berge.

„Es muss hier eine stärkere Anziehungskraft wirken", vermutete
20 er, „sonst wären die Bergspitzen bestimmt steiler."

Jetzt sah er in einem Seitental, das mit roter Vegetation bewachsen war, eine Stadt mit einem riesigen Landeplatz. Die Häuser mit ihren runden Käseglockendächern wirkten schwer und massiv. Zum Glück war Commander Robins Raumschiff so gebaut, dass es überall
25 auf kleinstem Raum landen konnte wie ein Hubschrauber.

Vegetation *Gesamtheit der Pflanzen in einem Gebiet*

„Okay, dann wollen wir uns mal diese Typen näher ansehen. Hoffentlich kann ich mich einigermaßen auf dem Boden bewegen, sonst muss ich meinen Anzug mit leichtem Gas füllen …"

Commander Robin schaltete auf automatische Landung, ging in
30 einen Nebenraum, zog seinen Raumanzug mit den Sauerstoffflaschen an und legte sich wieder in den Sitz, um die Landung abzuwarten.

Allmählich kam die Dämmerung. Robin wusste zwar, dass es zu Hause bald Abendessen gab, aber seit einiger Zeit hatten sich seine Eltern daran gewöhnt, dass er nicht jedes Mal dabeisaß. Zwischendurch holte er sich nämlich manchmal Pommes frites aus der Kühltruhe und schob sie ₅ in den Backofen. Sein Hunger überfiel ihn oft mit Macht und da half nur Essen.

Die Verfolgung eines Schwarzen Adlers wollte er sich heute jedenfalls nicht entgehen lassen. Zumindest konnte er herauskriegen, wie der Typ mit Nachnamen hieß. ₁₀

Er stellte sein Fahrrad ab, verschloss es und schlenderte langsam weiter. Wie zufällig schaute er sich um, als er das Gartentor öffnete und den Plattenweg betrat.

Er hatte sich schon eine Ausrede zurechtgelegt, falls ihn jemand vor der Haustür ausfragen sollte. ₁₅

Das Licht reichte gerade noch, um die Namen zu erkennen. Drei Familien wohnten also in dem Haus: „Bürheim, Klose und Marek", las er von oben nach unten. Er prägte sich die Namen ein.

„Eigentlich könnte ich mal vorsichtig ums Haus schlei- ₂₀ chen", murmelte er und bog um die Ecke.

Ein stark abgetretener Rasen, der unter den Bäumen ganz fehlte, fiel Robin auf. Weiter im Hintergrund entdeckte er eine leere Sandkiste und eine Art Schuppen, in dem vermutlich die Fahrräder standen. ₂₅

Aus einem der unteren Fenster fiel Licht.

Ich müsste mal einen Blick hineinwerfen können, dachte Robin und schaute die Häuserwand an, die für seine Zwecke gar nicht schlecht aussah: Ein paar Vorsprünge und Verschnörkelungen luden förmlich zum Klettern ein. ₃₀ „Ich muss vorsichtig sein. Wenn die mich hier entdecken, dann ..."

Robin streckte sich, hielt sich am Fenstersims fest und

versuchte in den Mauerritzen mit seinen Turnschuhen Halt zu finden.

Ganz langsam zog er sich hoch. Ein verrosteter Nagel, der aus der Wand ragte, kam Robin gerade recht. Geduckt hing er unter dem Fenster. Er hatte gerade so viel Halt, dass er seine Muskeln ausruhen konnte, und schob jetzt vorsichtig seinen Kopf höher.

Er sagte sich, dass man ihn eigentlich nicht sehen konnte, weil drinnen Licht brannte und es draußen immer dunkler wurde. Und trotzdem pochte sein Herz ein wenig schneller und in seinem Magen spürte er ein dumpfes Gefühl, als er sich noch höher drückte.

„Ich werde verrückt", flüsterte er, „der Kerl wohnt tatsächlich hier im Erdgeschoss."

Die Familie saß beim Abendessen: beide Eltern, der Rassist und seine kleine Schwester.

Robin konnte sogar ein wenig verstehen, was sie sprachen, ein Fenster war gekippt: „... und das eine kann ich dir sagen, Berni ..." (Berni hieß er. Berni Marek, also!) Die Stimme des Vaters bekam einen drohenden Unterton: „Mir reicht es allmählich. Wenn deine Noten nicht besser werden, fliegst du von der Schule!"

Berni saß mit gesenktem Kopf vor seinem Brot und ließ die Ermahnungen über sich ergehen.

Irgendetwas war in Bernis Gesicht anders. Ja, richtig, die Brille fehlte. Ob sie vielleicht nur Verkleidung war und gar keine Gläser drin waren ...?

„Hast du gehört?", fragte der Vater.

Berni kaute ungerührt weiter. Nur die Andeutung eines Nickens war zu sehen.

Die Stimme des Vaters wurde wütender. „Ich hab dich etwas gefragt! Kannst du vielleicht mal deinen Mund aufmachen!"

Robin sah, wie Berni etwas sagte, was er aber nicht verstehen konnte. Berni stand auf und verließ die Küche.

Obwohl Robin auf dem verrosteten Nagel einigermaßen Halt hatte, merkte er jetzt doch, wie seine Muskeln zu zittern anfingen. 5

Den Vater ..., überlegte Robin, irgendwo habe ich den schon mal gesehen. Aber wo?

Leise stieg er hinunter, blickte sich um, rannte um die Ecke den Plattenweg entlang zu seinem Fahrrad, entriegelte das Fahrradschloss, schwang sich auf den Sattel und 10 sauste los.

„Junge, Junge, ein armes Schwein, dieses Bernilein! Bekommt ganz schön Druck von oben."

Im Fahren beugte sich Robin hinunter und drückte den Dynamo gegen die Reifen. Die kleine Maschine surrte los 15 und die Lampe warf einen Streifen Licht auf die Straße.

Robin drosselte das Tempo und sein Fahrrad verwandelte sich in das Cockpit seines Raumfahrzeugs.

„Merkwürdige Leute, diese Marekaner", sagte Commander Robin, während er, umgeben von seinem unsichtbar machenden Magnetfeld, 20 aus seinem grünsilbernen Superraumschiffauto kletterte. Es gab auf diesem Planeten offensichtlich eine Sklavengruppe, denn zwischen den runden Häusern liefen gleich gekleidete, dicke Leute hin und her, schleppten irgendwelche Lasten, und ein paar schlankere Typen, die turbanähnliche Hüte trugen, schienen Befehle zu erteilen. 25

Als Robin näher herantrat, las er auf den Anzügen der Sklaven: Berni 4, Berni 27, Berni 14, Berni 93.

„Die können einem fast leid tun, diese Marekaner, alle tragen sie den gleichen Namen und haben vermutlich nichts zu lachen."

Es knackte in seinen Ohren. 30

„Hier Bodenstation, Leutnant Boris. Commander Robin, bitte kommen. Ich wiederhole: Commander, bitte kommen."

Vor denen ist man nirgends sicher!, dachte der Commander.

Missmutig schaltete er auf Sprechen. „Ja, hier Robin. Was gibt es denn schon wieder?"

„Commander, wir bitten Sie dringend, den Planeten Marek zu verlassen und sich auf Ihren Posten zu begeben. Nach neusten Informationen sammeln sich feindliche Raumschiffe in Ihrem Beobachtungsquadranten. Irgendetwas haben die vor. Sie sind am nächsten dran. Also: Fliegen Sie zurück! Das ist ein Befehl von ganz oben. Die Marekaner können Sie später immer noch besuchen." *Quadrant Viertel einer Kreisfläche*

Commander Robin seufzte. „Roger. Verstanden. Mache mich auf den Weg zurück."

Commander Robin ging auf sein Raumschiff zu, stieg ein, zog sich um und drückte auf die Startvorrichtung. Bald war er wieder im Weltraum und der Planet Marek lag hinter ihm.

Kein Wunder, dass die Marekaner zu Rassisten werden, dachte der Commander. Klar, wenn man nur dauernd herumkommandiert wird oder nur Befehle erteilt, wird man wahrscheinlich etwas einseitig.

Commander Robin legte die Beine auf das festgeschraubte Tischchen und genehmigte sich ein Glas Gin Tonic. Die künstliche Schwerkraft, die in seinem Steuerraum herrschte, ließ ihm diese kleinen Freiheiten. *Gin Tonic alkoholisches Mischgetränk*

„Achtung Bodenstation. Nähere mich jetzt den Koordinaten P87Q."

„Verstanden."

Als Robin mit seinem Fahrrad zu Hause ankam, war es schon halb acht. Er betrat die Küche und sagte: „Hallo."

„Wenn du noch Hunger hast, setz dich", sagte seine Mutter.

Robin wollte sich setzen.

„Aber vorher Hände waschen."

„Muss das sein? Die sind doch überhaupt nicht dreckig."

„Ja, das muss sein."

Seufzend wusch er sich die Hände.

Als er nachher auf seinem Platz saß, sprudelte er heraus: „Ich hab so einen Typ verfolgt, der ..."

„Was? Du hast jemand verfolgt?" Sein Vater schaute ihn stirnrunzelnd an und Anja vergaß zu essen.

Robin nahm sich eine Scheibe Brot und steckte sie in den Toaster. „Also, das war so: Neulich, als ich mit John von der Schule kam, verfolgten uns ein paar Typen in Lederjacken, boxten John in die Seite und brüllten: ‚Nigger, go home!' Na ja, ihr könnt euch vorstellen ..."

Robin erzählte die ganze Geschichte und seine Eltern wurden etwas milder gestimmt, obwohl sie mit seiner Fassadenkletterei nicht einverstanden waren.

„Es ist ja unglaublich, was hier alles so rumläuft", meinte Robins Vater und schüttelte den Kopf.

„Ja, und die haben so eine Art Motto. Jedenfalls brüllen sie immer auf unserem Schulhof: ‚Türken, Schwarze, gelbe Säcke bringen wir gleich um die Ecke!' "

„Ich finde, das geht zu weit", sagte Robins Mutter bestimmt. „Wenn ich die mal erwische, können die sich auf was gefasst machen!"

„He, du gehst ja ganz schön ran!", rief Robin und fügte hinzu: „Aber ich glaube nicht, dass die sich von dir einschüchtern lassen ..."

„Sag das nicht, Robin", schaltete sich sein Vater wieder ein.

„Neulich hab ich gelesen, dass ein paar handfeste Mütter ein Asylantenheim bewacht haben. Und als die Schläger kamen und die Mütter gesehen haben, sind sie abgehauen."

„Ist ja irre!"

Nach ein paar Minuten standen Robins Eltern auf. Anja

blieb noch sitzen, schmierte ungewöhnlich langsam ein Brot und goss sich noch ein halbes Glas Orangensaft ein.

„Ganz schön blöd, so eine Anrempelei", meinte sie leise.

Robin legte sich drei dicke Scheiben Salami auf das Brot und kippte sich eine Ladung Ketchup drüber.

„Hm", brummte er.

„Du, Robin?"

„Hm?"

„Wie lange kennst du eigentlich John?"

„Na, so ungefähr zwei Jahre."

„Und als John kam, konnte er da schon Deutsch?"

„Nöö."

„Dafür hat er schnell gelernt, er spricht ja, als ob er hier geboren wäre!"

„Kann schon sein."

„Sag mal, hast du irgendwas?"

„Ich? Was soll ich haben?"

„Du klingst so muffelig. Was willst du denn in der Sache unternehmen?", fragte sie weiter.

„In welcher Sache?"

„Na, dieser Junge, wie hieß er doch gleich, Bernhard?"

„Berni!" Robin nahm sich eine zweite Scheibe Brot. „Was ich da machen werde? Weiß ich selbst nicht genau. Wo ist denn der Honig?"

Anja holte den Honig hinter der Milchflasche hervor.

„Übrigens", sagte Robin mit harmloser Stimme, „John hat ja eine sehr gute Meinung von dir."

Anja blickte überrascht auf: „So?"

„Ja. Ich hab ihn gefragt, ob du ihm gefällst ..."

Anja, die gerade von ihrem Brot ein Stück abbeißen wollte, hielt mitten in der Bewegung inne. „Sag mal, bist du verrückt? Weißt du ..."

„Ganz ruhig, Anjalein. Okay, wenns dich nicht interessiert, vergiss es."

„Weißt du, was du bist?"

„Nö."

„Ein ganz gemeiner Hund!"   5

„Aber Hunde können auch nützlich sein", grinste Robin.

Anja ging nicht darauf ein, sondern fragte mit etwas wackeliger Stimme: „Und was hat er nun gesagt?"

„Willst du es wirklich wissen?"

„Ja, du Idiot! Ich will es wirklich wissen."   10

„Also, wenn du mich weiter so beschimpfst, dann muss ich mir das schwer überlegen."

Anja richtete sich auf. „Robin! Ich erwürg dich gleich, wenn du nicht sofort ..."

„Okay, okay. Also, er hat gesagt ... er hat gesagt ... Was   15
hat er denn eigentlich gesagt? Ach so, dass du so eine Art Schönheitsideal für ihn bist ..."

Anja schaute ihn mit großen Augen an und wurde ein bisschen rot. „Ein was?"

„Na ja, liebe Anja, wir müssen doch der Realität ins Ge-   20
sicht sehen und einfach mal zugeben, dass du nicht gerade superschlank bist, dass du im Grunde eher überdimensionale ..."

„Robin! Fängst du schon wieder an? Ich werde ..."

Aber Robin ließ sich nicht aus der Ruhe bringen. Er ge-   25
noss seine Überlegenheit in vollen Zügen.

„Und für die meisten Afrikaner sind eben Frauen, die etwas ... ehm, voller sind, schöner als diese dürren Klappergestelle, die bei uns normalerweise herumlaufen."

Anja wusste nicht, was sie sagen sollte. Sie starrte Robin   30
mit offenem Mund an. Ausgerechnet ihr größtes Problem schien bei John ein Vorteil zu sein. Oder nahm Robin sie nur auf den Arm?

„Außerdem hast du ein Schönheitsmerkmal. Die Lücke zwischen den Vorderzähnen ist für Ghanaer der absolute Hit. Darauf stehen die …"

Anja fuhr mit dem Zeigefinger über ihre Zähne.

„Na ja, aber was ihn wirklich beeindruckt hat, ist deine Art, ihn ernst zu nehmen. Auf jeden Fall findet er dich rundherum super." Robin lachte etwas zu laut. „He! Rundherum ist gut!"

Anja hatte Robin während der letzten Sätze etwas zweifelnd betrachtet, und als er fertig war und in sein Brot biss, sagte sie zuerst gar nichts, dann begann sie mit leiser Stimme: „Robin, ich warne dich. Wenn du mich verarschen willst, dann wäre das wirklich eine fiese Masche."

Robin räusperte sich und schluckte sein Brot hinunter. „Das würd ich doch nie. Ich gebs zu, ich habs ein bisschen spannend gemacht, aber es stimmt wirklich. Du kannst ihn selbst fragen …" Ein wenig klang seine Stimme ironisch.

Anja schüttelte den Kopf. „Bist du so blöd oder tust du nur so? Ich geh doch nicht zu John hin, den ich kaum kenne, und frag ihn: He! Ich habe gehört, ich entspreche deinem Schönheitsideal, stimmt das?" Sie tippte sich an die Stirn.

Sie saßen eine Weile schweigend da. Plötzlich fasste sich Robin an die Stirn. „Jetzt fällts mir wieder ein", rief er.

„Was?", fragte Anja.

„Der Vater von Berni Marek. Irgendwie kam mir sein Gesicht bekannt vor. Er ist Busfahrer und fährt auch einen Schulbus." Robin schob das letzte Stück seines Honigbrots in den Mund und sagte kauend: „Einmal haben sie ihm einen Böller unter seinem Sitz angezündet, bevor sie ausgestiegen sind. Kurz nach Silvester. Mann, der Typ hat getobt! Aber er hat die Schüler nicht erkannt und die, die im Bus waren, haben sie natürlich auch nicht erkannt. Seitdem fährt er mit total mieser Laune durch die Gegend. Ich hab ihn jedenfalls noch nie lachen sehen."

„Na ja, und sein Sohn hat auch nichts bei ihm zu lachen."

„Das kann man wohl sagen."

Robins Mutter schaute herein. „Ihr seid immer noch beim Essen?"

„Klar."

„Könnt ihr bitte danach alles wegräumen?"

Robin nickte. „Machen wir. Sagen wir mal zu 70 Prozent."

Das Lied im Keller

„Wir sind die deutsche Müllabfuhr ... da dab, da dab, daaah ... und sind dem Abfall auf der Spur ... Da dab da dab daaah ..."

Berni Marek saß in einem Kellerraum, dessen Wände mit Eierkartons gepolstert waren, und übte eine Melodie zu dem Text ein, den sie sich in der Gruppe ausgedacht hatten. Die Melodie stammte sogar von ihm selbst.

Der Kellerraum war niedrig und ein kleiner Heizofen mit Glühspirale sorgte für Wärme zwischen den kalten feuchten Wänden. Im März waren die Nächte noch kalt, sodass ein kühler Keller nicht gerade anheimelnd wirkte. Ein paar rot lackierte Stühle, die an den Beinen den Lack schon verloren hatten, ergänzten die Einrichtung. In einer Ecke waren ein paar Regalbretter an die Wand geschraubt.

Berni schob seine glaslose, schwarze Hornbrille, die heruntergerutscht war, nach oben und schrummte auf den

Saiten seiner Gitarre weiter. Seine Mittelstreifenglatze war nicht mehr so glatt wie vor ein paar Tagen, denn dunkler Flaum hatte sich schon wieder gebildet.

Heute Abend trafen sich die Schwarzen Adler und da
5 wollte er seine Kollegen mit diesem Lied überraschen, das sie dann alle mitgrölen konnten.

Vor zwei Jahren, als Berni noch keine schwarze Lederjacke trug und seine Haare noch einen normalen, langweiligen Schnitt hatten, war er brav zur Gitarrenstunde getrot-
10 tet, um Menuette und Volkslieder zu spielen. Vor einem halben Jahr hatte er dann die akustische Gitarre verkauft und eine billige E-Gitarre mit Verstärker erstanden.

Und das hing mit den Schwarzen Adlern zusammen, mit Köhler, dem Anführer, mit Schiena und Baumann. Köh-
15 ler war Lehrling in einer Schreinerei, Baumann ging aufs Gymnasium und Schiena und er selber auf die Realschule.

Es war ein Zufall, wie er die drei kennengelernt hatte. An einem Freitagnachmittag, als er am Bahnhof herumhing und so tat, als ob er auf einen Zug wartete, stiegen
20 drei Typen mit schwarzen Lederjacken und einem ausrasierten Mittelstreifen auf dem Kopf aus dem Interregio. Sie schlenderten über die Straße und taten so, als ob der Bahnhof nur für sie da wäre. Ziemlich eingebildete Säcke, hatte Berni damals gedacht, als sie an ihm vorübergingen. Plötz-
25 lich raste ein Sportwagen auf die drei zu und Berni rief, ohne zu überlegen: „Vorsicht!" Obwohl sie wahrscheinlich auch ohne ihn den Wagen gesehen hätten, drehten sie sich um, blickten ihn an und einer sagte, es war Köhler: „Schnell geschaltet, Mann." Dann schien er etwas zu überlegen und
30 sagte schließlich: „Also, man sieht sich."

Ein paar Wochen später hatte er die drei tatsächlich an einem Kiosk wiedergesehen. Er wunderte sich später selbst darüber, dass er auf sie zugegangen war und sie

Menuett
Tanz im 3/4 Takt

akustische Gitarre
Gitarre ohne elektronische Verstärkung

angequatscht hatte, obwohl er sonst eher zurückhaltend war. Ein Wort gab das andere und er erfuhr, dass sie gegen alle Ausländer waren, Aufkleber in der Stadt verteilten und manchmal durch die Stadt gingen und ihre Parolen brüllten. Sie fühlten sich als deutsche Ordnungshüter, 5 sahen sich ab und zu alte Nazifilme an und schwärmten von der „großen Zeit".

„große Zeit"
hier: Zeit, in
der die Natio-
nalsozialisten
in Deutschland
an der Macht
waren

Jedenfalls hatte Berni seitdem eine E-Gitarre und übte. Dabei musste er aufpassen, dass er nicht zu laut spielte, weil sonst sein Vater, der mittags schlief, wenn er Früh- 10 dienst hatte, in den Keller stürmte und schon im Flur brüllte: „Aufhören mit dem Gedudel!"

„Das ist kein Gedudel", sagte Berni dann, nicht ganz so laut wie sein Vater, „es sind alles deutsche Lieder."

„Das ist mir egal, aber es hört sich wie Gedudel an."   15

Jedes Mal musste Berni dann den Lautstärkeregler runterdrehen. Mit der Zeit hatte er sich angewöhnt, nur zu spielen, wenn sein Vater nicht in der Nähe war.

Die Schwarzen Adler wussten nichts von Bernis Künsten. Er wollte sie heute überraschen und hatte sie auf neun 20 Uhr eingeladen. Da war nämlich sein Vater noch in seiner Spätschicht unterwegs.

Am besten ging man dem Alten so oft wie möglich aus dem Weg, nahm sich Berni vor und drehte an dem Verzerrerknopf. Zu einem Fußschalter hatte er es noch nicht ge- 25 bracht. Aber das würde schon noch kommen, wenn er eine Rockband gründen könnte ... Und wenn sie erst mal in der Stadt bekannt wären und den Vereinssaal von den Schützen mieten konnten, dann müsste auch sein Vater zugeben, dass sich das Gitarrenspiel ausgezahlt hatte. Tja, wenn er 30 so spielen könnte wie der Gitarrist von seiner Lieblingsgruppe Rechtskurve. Das wäre super ...

Verzerrerknopf
Knopf am Ver-
stärker, mit dem
man den Klang
eines Instru-
ments verän-
dern kann

„Also, das klingt gar nicht so schlecht", murmelte

Berni Marek und sang den Anfang seines Liedes noch einmal: „Wir sind die deutsche Müllabfuhr ... da dab, da dab,
daaah ... und sind dem Abfall auf der Spur ... Da dab da dab
daaah ..."

5   Das war der Refrain. Jetzt kamen nur noch die Strophen. Die hatte er sich schon ausgedacht:

„Die Schwarzen Adler räumen auf, wir machen Deutschland grohohoß. Die Schwarzen Adler greifen an. Dann ist
endlich was lohohos!"

10   Berni spürte zwar, dass sein Text nicht überzeugend
klang, aber das machte nichts. Hauptsache, die Adler konnten bei dem Lied mitgrölen.

Er brauchte nur noch einen starken Abschluss, einen
fetten Akkord, und dann konnten die Jungs ruhig kommen.
15 Die würden Augen machen, wenn er nachher ganz lässig
den Verstärker anmachen, die Gitarre von der Wand nehmen und loslegen würde. Sicher, zuerst würden sie überrascht sein, aber dann würden sie alle vor Begeisterung
mitbrüllen und ihm auf die Schulter hauen und sagen:
20 „Mensch, Marek, supercoole Musik!"

Dann würden sie ihn nicht mehr auslachen wie neulich,
als er beim Klauen im Supermarkt fast erwischt worden
wäre.

Ja vielleicht würden sie ihn endlich sogar ganz in ihre
25 Gruppe aufnehmen, damit er sich auch den schwarzen
Adler auf das rechte Handgelenk tätowieren lassen konnte. Endlich dazugehören ...!

Klar, sie gefielen ihm nicht alle, aber es war einfach ein
tolles Gefühl, mit ihnen etwas zu unternehmen. Irgendwie
30 fühlte er sich stark mit ihnen zusammen. Und dann, wenn
ihn mal jemand bedrohen sollte, so wie vor einem halben
Jahr, als ein Typ von der linken Szene ihn angerempelt und
ausgelacht hatte, dann musste er es nur den Schwarzen Ad-

Refrain
Kehrreim, der
in regelmäßigen
Abständen
am Ende von
Gedicht- oder
Liedstrophen
wiederkehrt

lern sagen und gemeinsam würden sie den Typ fertigma-
chen. Er musste ganz einfach dabei sein, ein echter Schwarzer Adler werden! Mit allem Drum und Dran. Er würde auf
jeden Fall ...

Halt, es klingelte oben! Das konnten sie sein. Berni 5
hängte die Gitarre an den Haken, machte den Verstärker
aus und raste die Kellerstufen nach oben. Zum Glück war
seine Mutter nicht da. Die würde seine Freunde sowieso
nur abweisend anblicken.

Als er die Haustür öffnete, traten drei schwarze Leder- 10
jacken herein und brachten Lärm und lautes Lachen mit.

„Wir gehn nach unten", sagte Berni und ging voran.

„Eine Kellerfete", lachte einer und stieß mit einer prall
gefüllten Plastiktüte gegen die Wand.

Als sich alle auf die Stühle verteilt hatten, sagte der mit 15
der Plastiktüte: „Habt ihr nicht auch den Eindruck, dass
hier eine verdammt trockene Luft ist?"

„Klar, Köhler", nickten die beiden andern und blickten
sich vielsagend an.

„Ich glaube, wir brauchen irgendwas, Marek", meinte 20
Köhler, „sonst müssen wir bei der trockenen Luft dauernd
husten. Stimmts?"

Einer hustete und sagte dabei. „Ich fang jetzt schon an."

„Also, ich finde es hier gar nicht so trocken, vielleicht
seid ihr erkältet, ich ... ich hab Hustenbonbons ..."   25

Das hätte er nicht sagen sollen. Die drei lachten los, als
ob sie explodieren würden. Schließlich keuchte Köhler, der
Anführer: „Das ist gut, Marek. Ein toller Witz: Hustenbonbons ... Großartig!"

Berni, der nicht genau wusste, warum die drei gelacht 30
hatten, lachte zur Sicherheit mit.

„Okay, Marek. Wir brauchen Bier. Nur mit Bier kann
man die trockene Luft ertragen."

Berni verstand endlich, aber gleichzeitig bekam er einen leisen Schrecken.

„An ... an Bier hab ich nicht gedacht", sagte er mit einer Stimme, die leicht schwankte. „Ich ... ich kann mal in der Wohnung nachschauen, vielleicht ..."

Köhler haute Berni kräftig auf die Schulter: „Quatsch, Marek. War bloß Spaß. Ich hab schon vorgesorgt."

Köhler bückte sich und holte aus seiner Plastiktüte vier Bierdosen heraus und verteilte sie.

Es zischte, als sie die Verschlüsse von den Bierdosen abrissen und sich zuprosteten. Berni prostete besonders eifrig. Er war erleichtert, dass er die Vorräte seines Vaters nicht anbrechen musste. Das hätte nur wieder Ärger gegeben.

„Schön gemütlich hast dus hier unten, Marek", fing Köhler wieder an und rülpste laut. „Klein und abgeschieden ... Genau das Richtige für unsere Treffen ..."

„Ja, find ich auch", meinte Baumann, der sich immer wieder über die Haare strich. „Genau das Richtige. Echt genau das Richtige."

Berni stellte die Bierdose auf den Boden und holte Luft. „Ich hab da 'ne kleine Überrasch..."

„Toller Raum. Echt super", rief Schiena, der mit der Lehne gegen die Eierkartonwand drückte und dessen Nase ziemlich schief im Gesicht saß.

Schiena warf seine leere Bierdose gegen einen Metallkasten, der auf einem der Regalbretter stand und in dem Schrauben aufbewahrt waren.

„Getroffen!"

„Bravo, Schiena!", brüllten die beiden anderen und warfen ebenfalls ihre Bierdosen in die Richtung. Manche waren noch nicht ganz leer gewesen und ein Bierregen sprühte durch den Raum.

„Also, ich hab da eine kleine Überra...", fing Berni wieder an, aber er wurde von den Begeisterungsrufen der anderen übertönt, die ihre Bierdosen wieder eingesammelt hatten und den Kasten erneut bewarfen.

„Ruhe!", schrie Köhler. Und als es nicht gleich ruhig ₅ wurde, wiederholte er seinen Befehl. Allmählich beruhigten sich die anderen.

„Marek wollte gerade was sagen. Also ..."

Während eine zweite Bierrunde verteilt wurde und das Zischen wieder anfing, sagte Berni: „Also, ich hab 'ne klei- ₁₀ ne Überraschung für euch!"

Baumann pfiff durch die Zähne. „He! Habt ihr das gehört? Marek hat eine kleine Überraschung für uns ..."

„Halts Maul, Baumann!", sagte Köhler scharf und wandte sich wieder an Berni. „Also ...?"   ₁₅

„Na ja, ich spiel Gitarre und so ... und ... ehm ... hab mir einen Song ausgedacht ... und da hab ich gedacht, ihr wolltet vielleicht ..."

Etwas ruckartig stand Berni auf und griff nach der Gitarre, die an der Wand hing. Er wurde ein bisschen rot, als ₂₀ er hinzufügte: „Ihr könnt ja mitsingen ..."

Das war für die Schwarzen Adler tatsächlich überraschend. Jemand von ihren Bekannten, der E-Gitarre spielte, so was hatten sie noch nicht erlebt.

Also wurde es plötzlich still, während Berni den Ver- ₂₅ stärker anstellte und sein Plektron aus der Tasche kramte. Er probierte leise, ob es ging, und schrummte dann seine Akkorde.

Plektron
Plättchen zum
Anschlagen
der Saiten von
Zupfinstrumen-
ten, z. B. einer
Gitarre

Als er mit dem Refrain loslegte, hätte er fast gelacht, weil seine Gäste selten doof dasaßen. Sie starrten ihn ₃₀ entgeistert mit offenem Mund an. Aber dann sang Berni zum zweiten Mal den bekannten Refrain und da hatten sie es kapiert. Zuerst fiel Schiena mit ein, dann kam Köhlers Stimme dazu, dann Baumann: „Wir sind die deutsche Müllabfuhr ...“

Und als Berni dann noch zwei Strophen weitersang, kannte ihre Begeisterung keine Grenzen. Alle vier sangen sie aus voller Kehle: „Wir sind die deutsche Müllabfuhr ...“

Nach der zehnten Wiederholung kam Berni zum Schluss und spielte seinen fetten Akkord.

Alle klatschten und Baumann, der neben Berni saß, haute ihm auf die Schulter.

„Also echt ... total der starke Song!“

Köhler nickte anerkennend. „Hätt ich gar nicht von dir gedacht, Marek. Du hast es wirklich voll drauf.“ Er machte eine Pause und fuhr dann fort: „Wäre zu überlegen, ob wir Marek nicht ganz in unsere intime Runde aufnehmen. Er hat die Lederjacke, den richtigen Haarschnitt. Da fehlt nur noch der Adler, was?“

Berni musste sich bremsen, um nicht begeistert loszureden, denn das wäre jedenfalls nicht günstig gewesen. Also tat er unbeteiligt und sagte leise:

„Wenn ihr meint ...“

„Ich hab euch was gefragt, Jungs. Baumann, Schiena ... also ... Was meint ihr dazu?“

Schiena zog an seiner schiefen Nase und brummte. „Klar, warum nicht, nur ...“

„Was nur?“, hakte Köhler nach.

„Na ja, wir andern mussten ein paar härtere Tests durchmachen. Ich weiß nicht, ob es gut ist, wenn ...“

„Wenn was?“

„Wenn man Mitglied wird, nur weil man ein Lied ...“

„Baumann? Was meinst du?“

„Na ja, nichts gegen Marek. Das Lied war echt stark. Aber Schiena hat schon recht ... Ich musste einem Türken die Reifen zerstechen und zwar nachmittags und ...“

„Ihr meint also, Marek müsste auch in der Richtung was tun?"

Baumann zuckte mit den Schultern. „Warum nicht? Gleiches Recht für alle ..."

„Gut geantwortet", nickte Köhler. „Hab es auch nicht anders von euch erwartet." Er trank einen großen Schluck aus seiner Bierdose und blickte dann Berni scharf an.

„Okay, Marek. Dein Lied hat uns sehr gefallen. Bist du bereit für einen kleinen Test, bevor wir dich endgültig in unsere Reihen aufnehmen?"

Obwohl es Berni ein wenig mulmig wurde, nickte er: „Klar."

„Gut", sagte Köhler. „Vorschläge!"

Einen Augenblick herrschte Schweigen. Alle tranken aus ihrer Dose und dachten angestrengt nach, während der Heizofen vor sich hinsummte.

„Wie wärs, wenn er in der Schule irgendwas kaputt macht, im Schulhof vielleicht ...", meinte Schiena.

Da der Vorschlag nicht überzeugend wirkte, brummten die anderen nur etwas und schwiegen wieder.

„Ich könnte mir ja ein ganz fieses Lied ausdenken und es dem ... dem Bürgermeister schicken ...", schlug Berni vor, aber Köhler blickte ihn nur kritsch an und er verstummte.

„Er müsste Kontakt mit dem Feind aufnehmen", sagte Baumann in die Stille hinein und strich über seine Haare.

„An welchen Feind hast du da gedacht?"

„Na ja, irgendeines von den Ausländerschweinen, die uns hier die Arbeit wegnehmen."

„Nicht schlecht", nickte Köhler. Plötzlich hob er den Kopf und blickte Baumann an: „He! Da ist doch dieser Schwarze, der in deine Schule geht."

„Der nimmt doch niemandem die Arbeit weg", sagte Berni leise.

„Was? Ich hab dich nicht verstanden?"

„Schon gut. War nicht so bedeutend."

„Genau!", rief Baumann und kratzte seinen Kopf am vorderen Teil des Mittelstreifens. „Das ist die Idee! Marek schlägt ihn einfach zusammen, und zwar ganz allein! Ich besorg Marek den Stundenplan von ihm, dann kennt er die Zeiten, wo er ihm auflauern kann …"

„Guter Gedanke", brummte Köhler. „Wirklich nicht schlecht."

„Was hältst du davon Marek?"

„Ich weiß nicht. Ich hab noch nie … einen zusammengeschlagen, höchstens mal angerempelt …"

„Ja, neulich haben wir den Nigger angerempelt", nickte Schiena. „Den schaffst du spielend, Marek. Der ist doch viel kleiner. Und sein Freund ist auch keine Bedrohung für uns."

„Also, was ist, Marek?", fragte Köhler lauernd. „Willst du oder willst du nicht?"

„Na ja, wenn ihr meint …?"

„Was heißt: Wenn ihr meint …?" Köhlers Augen verengten sich zu Schlitzen. „Er ist ein Feind und wird uns Deutschen später die Jobs wegnehmen."

Berni merkte, dass ihm nichts anderes übrig blieb, wenn er ganz Mitglied werden wollte.

„Okay, ich machs."

„Du hast eine Woche Zeit", sagte Köhler und hob seine Bierdose. „Auf Marek, den Schrecken Afrikas!"

„Auf Marek!"

Baumann, der nichts mehr in der Dose hatte, stand auf und wühlte in der Plastiktüte, dann sagte er, als er sich wieder gesetzt hatte: „Wenn Marek das allein machen soll … Wie wissen wir, dass ers auch gemacht hat?"

„An der schiefen Nase!", brüllte Schiena. „Woran denn sonst?"

Köhler hob den Arm. „Quatsch! In einer Woche treffen wir uns wieder. Dann muss Marek uns ein Büschel Haare von dem Schwarzen zeigen und zwar sauber abgeschnitten, sodass man es bei dem Typ sehen kann. Ist das klar?"

Alle nickten.

„Ich habe Marek gefragt", sagte Köhler und blickte zu Berni hinüber.

„Ist das klar, Marek?", wiederholte er.

„Ja", sagte Berni und kippte den letzten Schluck Bier aus seiner Dose hinunter.

Aber so klar war es ihm gar nicht. Während die anderen weiterredeten und ihre Bierdosen auf den Kellerboden verstreuten, überlegte Berni, wie er es anstellen sollte, John zusammenzuschlagen.

Afrika liegt nebenan

Robin und Anja traten ins Zimmer und sahen John, wie er auf dem Boden lag und etwas schrieb, während er gleichzeitig mit dem Fuß den Rhythmus der Musik mitwippte, die aus einem Radio kam.

Als sie neben ihm standen, blickte er auf: „Hallo, da seid ihr ja!" Er drehte die Lautstärke zurück. „Ich hab euch gar nicht gehört ..."

„Deine Schwester hat uns reingelassen", sagte Robin.

Anja blickte sich interessiert um. Offensichtlich teilte John mit seinem kleinen Bruder das Zimmer. Zwei Betten standen an den gegenüberliegenden Wänden, ein Regal, das keine Rückwand hatte, und mit Büchern, Spielzeug und Stofftieren vollgestellt war, diente als Raumteiler.

Viel Platz hatten sie nicht und wahrscheinlich mussten sie sich absprechen, wenn sie jemanden einladen wollten.

„Na, wie gefällt euch unser Zimmer?", fragte John, der seine Schulsachen vom Boden wegräumte.

„Och, ganz gut", meinte Anja, „ich hab mir das allerdings total anders vorgestellt. Als Robin sagte, wir sind bei dir eingeladen ..."

John wurde neugierig. „Wie anders?"

„Na ja, so genau weiß ich das auch nicht. Also ... ich hatte gedacht, dass es irgendwie ... irgendwie afrikanischer aussieht."

John saß auf dem Boden, die Beine langgestreckt und lehnte sich gegen das Regal.

„Und wie sieht deiner Meinung nach eine afrikanische Einrichtung aus?"

Anja lachte ein wenig verlegen. „So genau weiß ich das natürlich nicht, vielleicht hatte ich Trommeln erwartet oder Bilder von Afrika, irgendwas Exotisches ..."

„Vielleicht ein paar Affen, die durchs Zimmer toben und Bananen essen?"

„Nee, das nicht gerade. Es ist nur ... Ich hab da halt eine falsche Vorstellung gehabt."

John kratzte sich am Kopf. „Weißt du, Anja, bei Robin ist es ja auch nicht so."

„Was denn?"

„Er hat ja auch keine typisch deutsche Einrichtung. Es hängt keine Kuckucksuhr an der Wand, ein Gemälde vom deutschen Wald mit Hirsch hab ich bei ihm auch nicht gesehen. Er läuft auch nicht in Lederhosen herum und trägt keinen Tirolerhut. Und Sauerkraut gibt es bei ihm auch kaum zu Hause."

Robin nickte: „Stimmt. Gut beobachtet."

„Ich frag mich manchmal", fuhr John fort, „was heißt das eigentlich: typisch afrikanisch oder typisch deutsch? Klar, zu Hause in Ghana haben wir natürlich ein paar Trom-

meln und wir ziehen uns auch anders an. Wenn wir in die
Schule gehen, ziehen wir zum Beispiel eine Schuluniform
an ...“

„Eine was?“

„Eine Schuluniform. Dieser Brauch kommt aus Eng- 5
land. Ghana gehörte ja früher zu England und die Eng-
länder haben das damals eingeführt. Im Grunde also auch
nichts Afrikanisches ...“

„Und wie sieht so eine Uniform aus?“

„Jede Schule hat ihre eigenen Stoffe und Farben. In un- 10
serer Schule bei Kumasi tragen alle Schüler blaue Hosen
oder Röcke und gelbe Oberteile.“

Kumasi Hauptstadt einer Region in Ghana

„Find ich ja irre“, meinte Anja. „Stell dir vor, Robin, wir
müssten solche Uniformen tragen ...“

„Hm. Ist doch gar nicht so schlecht. Dann musst du 15
morgens nie überlegen, was du anziehen sollst ...“

John räusperte sich und meinte: „Die Schüler haben
allerdings bei uns nicht so viele Kleider wie hier, aber
es würde doch auffallen, wenn die mit reichen Eltern in
teuren Klamotten rumlaufen, und die Ärmeren müssten 20
sich schämen, wenn sie mit abgetragenen, alten Sachen ankommen ...“

„Vielleicht sogar Klamotten von uns, die wir irgendwann mal fürs Rote Kreuz gespendet haben“, sagte Robin
schnell. 25

„Auf jeden Fall, dieses Problem fällt dann durch die
Schuluniformen schon mal weg“, meinte John.

Die Tür, die Anja und Robin halb offen gelassen hatten,
wurde jetzt weiter aufgedrückt und eine große, füllige
Frau stand im Türrahmen. 30

John stand auf: „Das ist meine Mutter.“

Johns Mutter kam herein und gab den beiden die Hand.
„Hallo!“

„Robin kennst du ja schon und das ist Anja, seine Cousine."

Johns Mutter, Frau Asamoa, lächelte freundlich und sagte: „Das ist schön, dass ihr uns besucht."

Sie sprach mit einem leichten Akzent. Ihre Haare hatte sie zu vielen schmalen Zöpfen geflochten, die mit bunten Bändern geschmückt waren. Anja sah, dass drei oder vier Armreifen aus Messing an ihrem rechten Handgelenk hingen, die bei jeder Bewegung leise klirrten. Außerdem trug sie ein bunt bedrucktes Baumwollkleid, das zu ihrer dunklen Haut hervorragend passte.

Ihre Hand fühlte sich kühl und weich an, und als sie das Zimmer wieder verließ, schlenderte sie locker und völlig entspannt hinaus.

Anja war beeindruckt: „Deine Mutter sieht ja echt gut aus. Wenigstens sie ist afrikanisch angezogen!"

John schüttelte den Kopf: „Nein, nein, nur halb afrikanisch. Aber immerhin afrikanischer als ich, das stimmt. Normalerweise läuft sie nicht so herum. Sie kommt gerade von einer Freundin und hat sich fein gemacht."

„Sag mal, John", fing Anja wieder an, „hast du manchmal Sehnsucht nach Ghana?"

„Soll das jetzt ein Interview für die Schülerzeitung werden?", fragte Robin stirnrunzelnd.

„Wieso? Man kann doch mal eine normale Frage stellen."

Allmählich ging Robin die Fragerei von Anja auf die Nerven. Schließlich war John in erster Linie sein Freund. Und warum waren ihm diese Fragen nicht schon längst eingefallen? Und wie John auf Anja reagierte. So ... so ... irgendwie ekelhaft. Und jetzt taten sie, als ob er gar nicht da wäre, und unterhielten sich blendend ohne ihn. Genauso gut hätte er zu Hause bleiben können!

John zog die Beine an und stützte sein Kinn in die Hände. „Ja", sagte er zu Anja, „manchmal würde ich gern wieder in Ghana sein. Es ist alles viel bunter in Kumasi. Das Leben spielt sich auf der Straße ab ... Die Hitze vermisse ich im Winter schon manchmal. Meine Haut wird dann sogar ein bisschen heller, wenn die Sonne nicht so rankann ..."

„Ehrlich?", fragte Robin, um sich wieder einzumischen. „Ich dachte immer, bei euch bleibt die Farbe immer gleich kackbraun."

John runzelte die Stirn und Anja schnaubte durch die Nase und sagte: „Was soll das?"

„Man darf ja wohl mal einen Witz machen, oder nicht?"

John versuchte zu grinsen, was ihm aber nicht ganz gelang, und fuhr fort: „Nein, die Haut bleibt nicht immer gleich kackbraun, sondern wird mit der Zeit heller, fast graubraun. Natürlich nicht so unnatürlich farblos wie bei euch."

„Heute ist es wenigstens mal richtig heiß. Für März ungewöhnlich", meinte Anja, um abzulenken.

Es entstand eine Pause. „Irgendwie komisch", sagte John nach einer Weile, „ich vermisse hier manchmal das Lachen. Bei uns in Ghana lacht man viel mehr als hier ..."

Hört das Gelaber heute überhaupt nicht mehr auf, dachte Robin, John benimmt sich, als ob er einen Vortrag hält ...

„Obwohl ...", fuhr John fort, „obwohl die meisten in Ghana ja ärmer sind und 'ne Menge Probleme haben, lachen sie mehr als die Deutschen. Ich weiß auch nicht, woran das liegt, dass die Leute in Deutschland so ernst sind."

Vermutlich, weil ihnen die Angeberei von Afrikanern auf den Geist geht, dachte Robin.

Wieder ging die Tür auf und eine von Johns Schwestern kam mit einem Tablett herein und lächelte.

„Mama schickt euch das." Sie stellte ihre Last auf den Boden, gab Robin und Anja die Hand und verschwand.

„Welche von deinen Schwestern war das nun?", fragte Robin. „Ich verwechsle sie ständig."

„Ja, ja, ich weiß, alle Afrikaner sehen für euch gleich aus ..."

„Quatsch", unterbrach ihn Anja, „ich würde dich unter Tausenden erkennen!"

Anja merkte, dass das mehr als ein höfliches Kompliment war, und fragte schnell: „Wie viele Schwestern hast du eigentlich?"

John hatte bei Anjas spontaner Äußerung überrascht aufgeblickt. „Zwei", sagte er, „Mary und Margret. Das eben war Mary. Übrigens, mögt ihr Tee?"

Die beiden nickten. „Ist zwar komisch, bei der Hitze Tee zu trinken", sagte Robin, „aber warum nicht ...?"

„Warmer Tee ist gut gegen Durst!"

John goss ihn in die Becher und deutete auf den Teller: „Da sind Sesamkekse, die meine Mutter selber macht, aus Sesamkörnern, Honig und noch irgendwas."

„Nicht schlecht." Robin kaute schon.

Eine Weile waren die drei mit Trinken und Essen beschäftigt.

„Jetzt bin ich auf deinen Aufsatz gespannt", sagte John kauend und blickte zu Robin hinüber.

Robin schlürfte seinen Tee. Irgendwie fühlte er sich unbehaglich. Plötzlich hatte er keine Lust mehr, seinen Aufsatz vorzulesen.

„Ach, ich weiß nicht. Wollt ihr wirklich meine Story hören?"

„Klar!", sagte Anja mit Nachdruck. „Ich möchte doch mitkriegen, wie viel Angeberei du darin versteckt hast."

Robin warf ihr einen wütenden Blick zu und holte aus seinem Rucksack das DIN-A4-Heft heraus.

„Also gut. Machts euch gemütlich, Onkel Robin liest jetzt die Gutenachtgeschichte vor."

„Hoffentlich schlafen wir dabei nicht ein", murmelte ₅ John und verschränkte die Arme hinter seinem Kopf.

Aber Robin reagierte gar nicht darauf, sondern tippte nur stumm an seine Stirn und fing an zu lesen.

„Hamburg im Jahr 2050 hat sich ganz schön verändert. Vor fünfzig Jahren war Hamburg eben eine Großstadt mit ₁₀ dem üblichen Autoverkehr, der an Wochenenden meist zusammenbrach, mit Geschäften und den historischen Gebäuden, aber auch mit viel Dreck. Die Schiffe fuhren damals, um die Jahrtausendwende, auf einer dreckigen Alster herum, an die die meisten Leute sich schon gewöhnt ₁₅ hatten. Aber heute ist das alles anders. Begleiten wir doch einmal Leutnant Frank, ein Pilot, der gerade seinen freien Tag hat, durch unsere Stadt."

„Ich glaube, es heißt *einen Piloten*", unterbrach Anja die Geschichte. ₂₀

„Was?"

„*Leutnant Frank, einen Piloten,* nicht *Leutnant Frank, ein Pilot ...*"

„Hm, weiß nicht ..."

Robin las den Satz für sich durch. ₂₅

„Ich könnte auch schreiben: Leutnant Frank, einen von Hamburgs Piloten ..."

„Das geht natürlich auch", sagte Anja.

Robin räusperte sich. „Also: Begleiten wir doch einmal Leutnant Frank, einen von Hamburgs Piloten, der gerade ₃₀ seinen freien Tag hat, durch unsere Stadt.

Es ist warm. Die Sonne scheint von einem klaren, stahlblauen Himmel herab. Kein Wunder, denn die Abgase der Autos sind alle gefiltert und die Fabriken um Hamburg herum haben teure Reinigungsanlagen.

Leutnant Frank schlendert durch die engen Gassen, in denen jetzt keiner mehr wohnt, weil sie zu einem Frei-
⁵ luftmuseum umgebaut wurden. Man kann in die Häuser hineingehen und staunen, wie eng die Menschen bis zum Jahr 2010 noch gewohnt haben.

In der glasklaren Alster, in einem abgesteckten Bereich, wird eifrig gebadet, die solarbetriebenen Schiffe können
¹⁰ das Wasser nicht mehr verschmutzen.

Und weiter hinten, auf einem Platz mit glattem Marmor, gleiten Leute mit ihren Luftkissenschuhen über den Boden wie früher die Eisläufer oder die Inlineskater. Es ist ein bunter Haufen von Leuten, die da herumfahren:
¹⁵ Europäer, Afrikaner, ein paar Chinesen und ein junger Mann aus Jamaica. Sie scheinen sich gut zu verstehen. In der Schule lernen die Kinder, wie es noch um die Jahrtausendwende in Europa zuging: Überall standen ausländerfeindliche Parolen an den Wänden, es gab Attentate auf
²⁰ Asylantenheime. Es gab Bürgerkriege und sogenannte ethnische Säuberungen – hab ich im Lexikon extra nachgeschlagen", bemerkte Robin und fuhr fort: „So richtig kann sich eigentlich im Jahr 2050 keiner mehr vorstellen, was damals los war, und die Schüler können nur den Kopf
²⁵ schütteln, wenn sie 3-D-Filme aus dem letzten Jahrhundert sehen."

„Tolle Entwicklung", meinte John.

Robin nickte: „Tja, und wir drei leben jetzt schon international und verstehn uns ... super", meinte er ironisch.
³⁰ „Wir leben heute schon futurisch ..."

„Futuristisch", berichtigte Anja.

Robin warf seiner Cousine einen finsteren Blick zu. Auf ihre blöden Bemerkungen konnte er verzichten. Über-

Jamaica
Inselstaat in der Karibik vor Mittelamerika

„ethnische Säuberung"
beschönigende Bezeichnung für die Vertreibung von Menschen aus ihrem Siedlungsgebiet aufgrund kultureller (sprachlicher oder religiöser) Unterschiede

futuristisch
zukunftsweisend

haupt, seit Anja aufgetaucht war, ging ihm auch John plötzlich auf die Nerven. Missmutig las er weiter:

„Also, ehm … wo war ich? Leutnant Frank leiht sich ein Paar dieser Superschuhe aus und dreht mit Vergnügen seine Runden. Danach bekommt er Hunger.

Er sucht auf einem Monitor, der in einer Häuserwand eingelassen ist, ein Restaurant heraus, winkt ein Luftkissentaxi heran, das lautlos neben ihm hält, und lässt sich zum Essen fahren.

Unterwegs gibt er telefonisch seine Bestellung durch und verkürzt damit seine Wartezeit. Aber damit nicht genug. Auf der Speisekarte kann man nicht nur das Essen bestellen, sondern auch einen angenehmen Gesprächspartner, der sich auf bestimmte Themen spezialisiert hat, für die Leute, die nicht gerne allein essen.

Nun, Leutant Frank war eine lange Zeit allein gewesen und sehnt sich nach einem guten Gespräch. Er wählt eine Frau als Gesprächspartnerin mit Zusatzangeboten, was eine zusätzliche Gebühr kostet …"

John lachte laut auf: „He! Geht das nicht ein bisschen zu weit?"

„Warum? Im Jahre 2050 ist das halt so."

„Aha."

„Sobald Leutnant Frank auf seinem Platz sitzt, kommt auch schon das Essen: Löwensteak mit gebratenen Tomatenkartoffeln, eine neue gentechnische Entwicklung für diese Saison."

„Tomatenkartoffeln!" Anja schüttelte den Kopf und verdrehte die Augen.

„Während Leutnant Frank mit großem Appetit isst und seiner Gesprächspartnerin lauscht, fängt plötzlich sein schnurloses Visafon an zu piepen."

„Sein was?", fragte John.

„Sein Visafon. Ein Telefon mit kleinem, eingebautem Bildschirm."

„Ach so."

„Er holt es aus seiner Tasche und drückt auf einen Knopf. Sofort erscheint das Gesicht seines Vorgesetzten als Hologramm vor ihm. Es schwebt sozusagen direkt über dem Teller. ‚Hallo, Leutnant Frank. Guten Appetit', sagt er. ‚Leider muss ich Ihren freien Tag etwas abkürzen. Sie werden dringend gebraucht.'

Leutant Frank ist nicht gerade begeistert. Er macht der Unterhalterin, die übrigens Gabi heißt, ein Zeichen, dass sie endlich ihre Klappe halten soll, und ..."

Anja rief empört dazwischen: „Unmöglich!"

„Wieso?"

„Das ist so ein typischer Männerquatsch: Frauen als hübsche, dumme Quasselstrippen, die völlig verblödet dasitzen und nichts mitkriegen."

Robin winkte ab. „Ich glaube, du bist da überempfindlich, Anja."

„Ich glaube eher, du bist da unterempfindlich."

„Ich lese erst mal weiter, bin sowieso gleich fertig. Also: ... und fragt: ‚Was liegt denn an, Chef?' Leutnant Franks Vorgesetzter sagt daraufhin: ‚Sie müssen in die Stratosphäre fliegen. Einer von unseren Sonnenkollektoren ist ausgefallen und muss repariert werden. Es ist dringend. Die anderen Piloten kann ich nicht erreichen.'"

Robin klappte das Heft zu. „So weit bin ich gekommen."

John und Anja streckten sich.

„Bis auf die blöde Bemerkung über Gabi fand ichs relativ gut. Du hast eine Menge origineller Einfälle ... Na ja, die Tomatenkartoffeln ... Ich weiß nicht ..."

„Tomatenkartoffeln machen schlank."

Hologramm
räumliches, dreidimensionales Bild

Stratosphäre
zweite Schicht der Erdatmosphäre

John trank einen Schluck Tee und bevor Anja irgendetwas sagen konnte, meinte er:

„Stellt euch vor, wir fahren im Jahre 2050 mit Luftkissenflitzern durch die Landschaft! Aber die Vorstellung mit dem Restaurant fand ich nicht so toll. Es gehört doch dazu, ₅ dass man an einem Tisch sitzt, aufs Essen wartet und ab und zu an seinem Getränk nippt. Also, mir fällt es nicht schwer, zu warten, ... ich könnte mir ...“

Robin, der mit den Gedanken schon wieder woanders war, unterbrach ihn: ₁₀

„Vielleicht baue ich noch ein Zusammentreffen mit einem Außerirdischen ein, während Leutnant Frank in der Stratosphäre herumschwirrt, trifft er auf ein seltsames Raumschiff ...“

„... in dem Robin, der Außerirdische, sitzt und die ₁₅ Menschheit angreifen will“, warf Anja dazwischen.

„Ja, genau. Und er hat als Geisel Prinzessin Anja, die Starke, dabei vom Planeten der Bekloppten.“

Auf dem Weg zurück redeten Robin und Anja kein Wort. Und als sie ins Haus traten, rannte Robin nach oben ₂₀ und warf die Tür deutlich ins Schloss.

„Frauen sind Idioten“, murmelte er und schaltete seinen Computer an.

Der Traum

Irgendjemand ging vor Robins Bett auf und ab. Er schlenkerte dabei seinen rechten Arm hin und her und als Robin genauer hinsah, merkte er, dass der Arm nur aus Knochen bestand. Er klapperte auch ein bisschen.

„Mensch, Knochenarm, was machst du denn in meinem Zimmer, in meinem Zimmer, in meinem Zi, Zi, Zi, Zi, Zimmer?", sang Robin.

Dass Knochenarm, sein Deutschlehrer, einen echten Knochenarm hatte, kam ihm eigentlich ganz normal vor, nur dass er vor seinem Bett stand, begriff er nicht. Schule ist Schule und Bett ist Bett. Das waren zwei völlig verschiedene Sachen. Aber nun hatte Knochenarm das alles vermischt.

Knochenarm hob plötzlich seinen Knochenarm, legte ihn auf seine Brust und verbeugte sich höflich.

„Darf ich Ihro Majestät zu einer kleinen Spazierfahrt einladen? Hinein in den Wagen, ohne zu zagen. Was ich schon immer sagen wollte: Dass man es endlich wagen sollte. Der Tee ist frei, die Fee ist drei oder so ähnlich."

Er hob den Kopf und wieherte laut. „Die Pferde sind schon ganz unruhig, verehrter Fürst!"

Dabei lachte er. „Toller Witz, was?"

Aber Robin fand das gar nicht komisch. „Ich bin ja noch gar nicht angezogen."

Knochenarm wedelte mit der Hand und warf Robin einen Raumanzug zu.

„Nimm das! Du winziger Wicht, du wichtiger Winz! Ein richtiger Witz, was?"

Plötzlich wechselte die Szene und Robin saß in einem supermodernen Raumschiff, das von Pferden gezogen wurde.

Knochenarm kurbelte umständlich das Fenster herunter und warf eine Hand voll Würfelzucker hinaus. Sofort setzte sich das Fahrzeug in Bewegung und hielt wenig später vor einem riesigen Tor.

„Wir sind da, Hochwürden", rief Knochenarm, und gleich darauf murmelte er: „Ach, meine armen Schüler!"

Jetzt standen sie draußen und Robin sah, dass über dem Tor an der Mauer Buchstaben eingemeißelt waren: „Hamburg im Jahr 2050".

Als sie durch das Tor gehen wollten, versperrte ihnen ein Uniformierter den Weg.

„Das kostet zehn Euro und fünfzig Mäuse."

Knochenarm kramte in seiner Tasche, holte eine Hand voll weiße Mäuse heraus und warf sie dem Mann an den Kopf, dann gingen sie weiter.

Mit einem Mal war Knochenarm verschwunden und Anja ging neben Robin. Ein fürchterlicher Wind kam auf, sodass sie nur zentimeterweise vorwärtskamen.

Während sie sich mühsam weiterkämpften, hörten sie ein Krachen und Knirschen, neben ihnen und über ihnen wechselte die Landschaft, Farben flirrten vorbei, der Boden hob und senkte sich, mal glitten sie wie auf einer Rolltreppe nach oben, mal rutschten sie über Geröllfelder nach unten.

Dann war alles still. Nichts bewegte sich mehr. Sie standen in einem weißen Raum und direkt vor ihnen hing ein riesiges Gemälde, dessen Vordergrund die Fassaden von Kaufhäusern bildeten. Fenster waren eingeschlagen, Treppenstufen abgebrochen. Die Schaufenster waren leer bis auf Gerümpel und Abfall, aus dem es qualmte. Kein Mensch kaufte ein. Alles wirkte öde und verlassen. Die Eingangstür hing lose in den Angeln.

Der Himmel lag wie ein schmutziges, rotes Tuch über den Dächern.

Jetzt kam Bewegung in das Bild. Von rechts rauschte ein kleines Fahrzeug heran, das wie ein fahrendes Ei aussah und vor einer gläsernen Kuppel hielt. Das Ei öffnete sich und eine Person stieg aus, die einen grausilbernen Anzug trug.

Der Mann oder die Frau ließ das Ei stehen, ging auf die gläserne Kuppel zu und drückte auf einen Knopf. Der Aufzug erschien, ein Teil der Glaswand glitt zurück und die Person stieg ein und fuhr hinunter.

Anja und Robin konnten jetzt in das riesige, lebendige Gemälde hineinsteigen.

Schwärme von schwarzen Vögeln kreisten über der Stadt und erfüllten die Luft mit ihrem Krächzen. Anja und Robin standen wie erstarrt auf der Straße und konnten sich kaum rühren, schließlich gingen sie wie im Zeitlupentempo zu dem fahrbaren Ei, untersuchten es und schauten durch das Fenster. Das Ei schien ein Auto mit verwirrendem Armaturenbrett zu sein. Die Karosserie war glatt, ohne Unebenheiten, nur an den Seiten entdeckten sie feine Linien, dort, wo die Türen aufgingen. Die obere Hälfte war aus Glas. Das Ei hatte keine Räder. Vermutlich fuhr es auf einem Luftkissen.

Ohne sich abzusprechen, gingen sie zu dem gläsernen Aufzug hinüber und Anja drückte auf den Knopf. Der Aufzug kam, aber keine Tür öffnete sich. Sie versuchten es mit mehrmaligem Drücken, mit Hämmern und Dagegentreten. Nichts rührte sich.

„Vielleicht können wir mit dem Ei fahren?"

„Ja. Probieren wirs."

Es war merkwürdig. Die Stimmung hatte sich auf einmal völlig verändert. Vorher wirkte alles verrückt und überdreht, und jetzt schien alles so real und nüchtern zu sein.

Irgendwie schafften sie es, die Tür des Eis aufzumachen. Dann setzten sie sich hinein und das Ei fuhr, ohne zu holpern, los, nicht schnell, eher langsam und beschaulich, als machten sie eine Spazierfahrt.

Sanft glitten sie durch die Straßen und starrten nach ₅ draußen. Die kaputten Häuser hörten bald auf und die beiden Reisenden kamen jetzt in eine bessere Gegend. Aber selbst dort hing ein Hauch von Verwahrlosung über dem Ganzen. Die Häuser schienen zwar in Ordnung zu sein, aber es lagen umgekippte Mülleimer herum, aus denen ₁₀ Abfall herausquoll. Zerbrochene Möbel standen mitten auf der Straße und an einer Hauswand lehnte eine Leiter, deren Sprossen abgebrochen waren.

Das weiße Ei glitt über eine Steinbrücke. Auf der anderen Seite schimmerte ein großer, dunkler See, auf dem ein ₁₅ einsames weißes Passagierschiff fuhr. Die Farbe war abgeblättert und an einigen Stellen kam Rost durch.

Plötzlich erkannte Robin das Ganze: Das war ja die Innenstadt von Hamburg, der Jungfernstieg und die Anlegestelle für die Passagierschiffe auf der Binnenalster. ₂₀

Jungfernstieg Straße in der Hamburger Innenstadt

Mit seinen Eltern war er öfters über die Alster gefahren, wenn sie einen Einkaufsnachmittag gemacht hatten. Manchmal waren sie dann bis ans Wasser gegangen, hatten sich ein Eis gekauft, sich auf die Bänke gesetzt und den Möwen zugeschaut, während die Sonne ihren Rücken ₂₅ gewärmt hatte ...

Jetzt war alles so fremd und wirkte wie ausgestorben. Normalerweise müssten Leute durch die Straßen gehen oder vor irgendwelchen Schaufenstern stehen bleiben. In den Straßencafés würden Gäste sitzen. Aber hier war alles ₃₀ leer. Wo steckten bloß die Menschen?

Eine große Traurigkeit kam über Robin, während er das alles aus diesem Ei heraus betrachtete. Etwas wie ein dicker Kloß stieg in ihm nach oben und brachte ihn zum Weinen. Gleichzeitig hörte er ganz dicht neben sich eine Stimme, die deutlich zu ihm sagte:

„Die Vergangenheit ist fest, die Zukunft flüssig."

Während Robin noch über den Satz nachdachte, rief Anja erschrocken: „Wir werden verfolgt!"

Robin schaute in den Rückspiegel und entdeckte ein blaues Ei, das immer näher kam ... Er überprüfte schnell die Knöpfe und Worte auf dem Armaturenbrett. Da war ein Knopf mit der Bezeichnung *Speed*. Er drückte darauf und spürte den Vorwärtsschub. Sie rasten durch die Straßen, ohne zu lenken. Vielleicht gab es unsichtbare Schienen?

„Schau mal, Robin!", rief Anja. „Hier steht *Up*. Ob man damit fliegen kann?"

„Wir können es ja mal ausprobieren."

Robin drückte auf *Up*. Tatsächlich: Das Ei hob sich vom Boden, schwebte über den Dächern und schraubte sich höher.

Robin drückte auf einen anderen Knopf. Plötzlich rauschte es und eine Stimme sagte: „Hier spricht Station U23. Leutnant Frank. Bitte kommen."

Ohne viel zu überlegen, sagte Robin: „Hier spricht Commander Robin. Wir überfliegen gerade Hamburg ..."

Es knackte zwar ein paarmal, aber es kam keine Antwort.

Inzwischen kreisten sie über der Stadt und schauten hinunter.

Zunächst dachten sie: Na ja, das ist eben eine Stadt, aber dann merkten sie, dass etwas nicht stimmte. Kein Mensch lief durch die Straßen, nur ab und zu sauste eines dieser Eier herum. Und jetzt sahen sie Gebäude, die wie große Lagerhallen aussahen. Und in diesen Lagerhallen, die mit

Mauern und Stacheldraht umgeben waren, sahen sie Menschen, die heraus- und hineingingen. Dort hatte man also die Einwohner Hamburgs hingebracht. Aber warum?

Aus dem Lautsprecher hörten sie wieder eine Stimme: „Hier U23. Können Ihren Namen nicht finden. Bitte geben Sie Ihre Codenummer durch, Commander Robin."   5

Die zwei blickten sich an.

„Hier spricht Commander Robin. Meine Codenummer lautet: ... ehm ... X U12/416."

„Codenummer unbekannt. Bitte melden Sie sich sofort bei der Zentrale U8, sonst sehen wir uns gezwungen ..."   10

Robin drückte auf den Knopf und stellte die Stimme aus, gleichzeitig schrie Anja: „Das blaue Ei ist hinter uns her! Was sollen wir tun?"

„Abhängen", sagte Robin, „ist doch klar."   15

Er fand einen Knopf, auf dem Handbetrieb stand, entdeckte eine Art Steuerrad und ließ sich nach unten gleiten. In den Straßen konnte man sich besser verstecken.

Robin kam es vor, als habe er schon jahrelang so ein Auto bedient. Jetzt fuhren sie in den Häuserschluchten hin und her und sausten durch unbekannte Straßen.   20

Und immer, wenn sie auf einen freien Platz kamen, entdeckten sie wieder die riesigen Lagerhallen, aus denen Menschen herausquollen oder in die sie sich hineindrängten.   25

Auf dem Armaturenbrett leuchtete eine rote Lampe auf und daneben eine Leuchtschrift: „Bitte tanken Sie jetzt, bitte tanken Sie jetzt ..."

Robin und Anja blickten sich erschrocken an.

„Mist!", schrie Robin. „Was sollen wir tun?"   30

„Am besten gar nichts."

Sie fühlten, wie ihr fahrbares Ei nach einiger Zeit langsamer fuhr, und bevor sie irgendetwas unternehmen konnten, blieb es auf einer Wiese in der Nähe einer großen Lagerhalle stehen, die mit Stacheldraht eingezäunt war. Robin drückte die Tür zur Seite, stieg aus und rief:

„Schnell weg hier, bevor sie uns finden!"

Mit einem Mal war es, als ob sich auf der Wiese ein unsichtbares Förderband befand, auf dem sie schnell weiterglitten. Oder war es umgekehrt? Glitten die Lagerhallen und Baracken zur Seite? Jedenfalls kam es ihnen vor, als ob ihr Weg an den Lagerhallen vorbeiführte, und sie sahen jetzt, dass über den Eingangstüren riesige Überschriften standen: *Syrer,* lasen sie, oder: *Basken, Sachsen, Bretonen, Ostfriesen, Dalarner, Schwaben.*

Immer mehr Hallen tauchten auf und verschwanden wieder und immer mehr Überschriften waren zu erkennen: *Südinder, Schotten, Cornwaller, Serben, Berner, Tessiner, Kroaten, Zürcher, Sizilianer, Venezianer, Russlanddeutsche, Osttiroler, Wiener, Georgier ...* Aber zwischen den Hallen gab es keine Wege. Soldaten mit Gewehren gingen hin und her. Sie hatten keine Helme und auf ihren Köpfen war ein Mittelstreifen ausrasiert. Statt Uniformen trugen sie schwarze Lederjacken. Und aus den Lautsprechern drangen fröhliche Lieder in den unterschiedlichsten Sprachen. Einmal konnten sie auch einen Blick in das Innere einer Halle werfen und wunderten sich, wie groß der Raum aussah: Ganze Städte waren da untergebracht, ja sogar Berge und Seen.

Das Förderband oder die Hallen hielten an und sie lasen auf einem Schild: *Aschanti.*

Gleichzeitig hörten sie, wie Glas splitterte. Ein Fenster brach entzwei und Anja und Robin sahen, wie sich jemand herausbeugte, den sie kannten. Das war doch ... Es war John. Er winkte mit den Armen und rief: „Holt mich hier raus! Holt mich hier raus!"

Aschanti
Menschen, die in der Aschanti-Region in Ghana leben

Sie sahen, wie er zurückgezerrt wurde. Plötzlich flog Knochenarm vorbei, der mit seinem Knochenarm wedelte und dabei rief: „Ach, meine armen Schüler!"

Und dann wachte Robin auf. Im Zimmer hing die Morgendämmerung und tauchte den Schrank, den Schreibtisch und die Kleider in Grautöne. Es regnete. Robin war nass geschwitzt und fand erst allmählich wieder zurück in die Wirklichkeit.

Er konnte nicht gleich aufstehen, sondern lag nur so da und erinnerte sich an die Szenen. Der Traum war noch so klar und deutlich in seinem Kopf, dass er sich fragte, ob das wirklich nur ein Traum gewesen war.

Auch an die Stimme des Unsichtbaren erinnerte er sich und er grübelte darüber nach, warum das wichtig sein sollte, dieser Satz: „Die Vergangenheit ist fest, die Zukunft flüssig."

Als er mit der Hand seine Augen reiben wollte, merkte er, dass sie nass waren, auch auf dem Kissen war ein feuchter Fleck.

„Meine Zeit, ich muss tatsächlich geweint haben", murmelte Robin verwundert.

Beim Frühstück saß er sehr ruhig an seinem Platz und aß völlig abwesend eine Schale Cornflakes.

Anja wedelte mit ihrer Hand vor Robins Augen hin und her. „Hallo, Robin, aufwachen!"

Robin schreckte hoch. „Was ist?"

„Nichts. Ich hab nur gesagt: Aufwachen. Du scheinst sehr weit weg zu sein."

Robin trank einen Schluck Kakao. „Bin ich auch ..."

Seltsam, dachte Robin, im Augenblick geht mir Anja gar nicht auf den Wecker.

Anja wartete, weil es sich anhörte, als ob er noch etwas sagen wollte.

„Ich denke noch über einen Traum nach, den ich heute Nacht gehabt habe", brummte er. „War ziemlich verrückt und realistisch ..." Er stellte das Glas langsam ab. „Sag mal, Anja, glaubst du an Zeitreisen?"

Anja tauchte ihr Messer in das Honigglas.

„An Zeitreisen? Das ist doch so eine Science-Fiction-Masche ... Eigentlich unwahrscheinlich. Es gibt, glaube ich, zu viele logische Widersprüche. Wie kommst du denn darauf?"

„Na ja, mein Traum handelte von der Zukunft und das war so, als ob ich tatsächlich dort gewesen sei."

„Und was hast du geträumt?"

Robin seufzte und streckte sich. Seine schlechte Laune hatte sich wieder gebessert, aber das bedeutete nicht, dass er jetzt seiner Cousine den Traum erzählen wollte.

„Vielleicht erzähl ichs dir später. Jetzt hab ich keine Lust dazu."

Er schaute auf die Uhr. „Ich muss los."

Ein offenes Versteck

Die Blätter an den Bäumen und Sträuchern, die am Waldrand wuchsen, waren zwar noch nicht voll entfaltet, aber doch schon so weit, dass man sich die buschigen Blätterkronen vorstellen konnte. In den Gärten blühten die Krokusse. Es roch ein wenig nach feuchter Erde. Ein Geruch, den der nächtliche Regen noch verstärkt hatte.

Robin fuhr langsam und nachdenklich auf seinem Fahrrad am Waldrand entlang.

Die letzte Schulstunde hatte er sausen lassen wegen Übelkeit. Frau Krummrad, seine Biolehrerin, hatte ihn zwar misstrauisch angeschaut, aber ihn dann doch gehen lassen.

Sie würde bestimmt nachher zur Klasse sagen: „Robin musste leider gehen wegen Schlechtigkeit und Schwindelei." Das sagte sie immer in solchen Fällen.

Aber Robin war es egal, was sie sagte. Vom Unterricht hatte er sowieso kaum etwas mitbekommen und er konnte es einfach nicht ertragen, nachher mit den anderen zusammen nach Hause zu gehen, auch wenn sie noch so nett waren.

Immer diese Fragen: „Gehts dir nicht gut, Robin?" Was sollte er darauf antworten?

Nein, er musste heute mal allein sein.

Und deshalb radelte er jetzt einsam vor sich hin.

Wohin er fahren wollte, wusste er noch nicht. Er brauchte Ruhe, um nachzudenken. Aber worüber er nun genau nachdenken wollte, wusste er nicht. Sicher, der Traum beschäftigte ihn. Jede Einzelheit stand noch vor seinen Augen. Und irgendetwas war da, was in ihm rumorte.

Robin radelte weiter. Eines der Felder war umgepflügt, lag dunkelbraun und glänzend neben dem Weg und wartete auf die erste Aussaat. Robin radelte daran vorbei und sah es kaum.

So schrecklich war der Traum eigentlich nicht gewesen. Gut, Hamburg war verwahrlost. Das machte einen schon traurig. Da hatte Robin aber schon ganz andere Sachen gesehen.

Auch bei seinen Computerspielen musste er durch einsame Straßen rasen, mit gefährlichen Monstern kämpfen und auf Baumstämmen balancieren, die in feurigen Lavaseen schwammen. Das hatte ihn nie so mitgenommen. Vielleicht aber war er im Traum richtiger oder wirklicher in dieser Fantasiewelt drin als bei seinen Spielen? Könnte schon sein ...

Jetzt bog der Weg in den Wald ab und Robin fuhr über vergammelte Blätter vom letzten Herbst, die unter den

Fahrradreifen leise knisterten. Sonnenstrahlen kamen von vorn und brachten das Grün der Nadelbäume zum Leuchten.

Zwischendurch blitzte in Robins Kopf das Cockpit seines Superweltraumautos auf, aber es fiel ihm nichts Richtiges ein und so verblasste das Armaturenbrett und keiner rief nach Commander Robin.

„Das sah schon seltsam aus", murmelte er, „wie leer und tot Hamburg wirkte ... Und dann überall diese riesigen Lagerhallen voller Menschen. Alle getrennt ..." Ihm fiel John ein, der aus dem zerbrochenen Fenster um Hilfe gerufen hatte. Vielleicht war John ja wirklich in Gefahr?

„Obwohl ... eine kleine Abreibung würde ihm ganz gut tun, dem alten Angeber. Dann würde er wenigstens merken, dass er Hilfe braucht ..."

Was wäre, redete Robin leise mit sich weiter, wenn ich tatsächlich in die Zukunft schauen könnte? Wenn es irgendeinen Trick gäbe, durch den ich die Zeit überspringen kann? Es fühlte sich im Traum alles so echt und ... und so ... fest an.

Robin musste kräftiger in die Pedale treten, weil eine leichte Steigung kam.

Ein paar Meter vor ihm raschelte etwas und Robin konnte gerade noch einen grauen Vogel erkennen, der aus einem Gebüsch flog. Der Weg wurde breiter und führte aus dem Wald heraus. Robin fuhr auf eine grasbewachsene Fläche, von der aus er einen weiten Blick hatte. Weiter links stand eine uralte, riesige Linde. Robin wusste, dass es eine Linde war, weil ein kleines Schild am Stamm hing, auf dem der Name und das Alter des Baumes standen: „Linde. Gepflanzt am 2. April 1867."

Sein Fahrrad stellte er in ein Gebüsch, nahm seinen Rucksack mit den Schulsachen ab und legte ihn daneben.

Dann ging er einmal um die Linde herum – es stand eine Bank darunter – und überlegte, von welcher Seite er am besten hochklettern könnte. Ja, hier wuchs ein Ast heraus, und jemand hatte Holzstücke darüber angenagelt, sodass man den dicken Stamm gut bezwingen konnte.

Robin musste allerdings aufpassen, weil einige Äste vom nächtlichen Regen noch nass und glitschig waren. Seine Mutter würde sich wundern, woher diese grünen Flecken auf seinen Hosen stammten. Und wenn schon? Wen störte es? Schließlich gab es Waschmaschinen.

Bald saß Robin mitten in der Baumkrone und genoss die Aussicht. Er schloss die Augen und stellte sich vor, er stehe auf dem Mast eines Segelschiffs und halte nach Land Ausschau. Er hörte das Meer rauschen und das Trappeln von nackten Matrosenfüßen auf Deck.

„Jetzt fällts mir wieder ein", sagte Robin plötzlich laut und öffnete die Augen. „Der Satz in meinem Traum hieß: Die Vergangenheit ist fest, die Zukunft flüssig. Ja, genau!"

Er hielt sich mit einer Hand fest und ließ eine Ameise über seinen Finger krabbeln. „Aber was soll das bedeuten ...? Na ja, was es bedeutet, ist natürlich klar, aber warum tauchte das in meinem Traum auf? Die Vergangenheit ist fest. Natürlich, die Vergangenheit ist vorbei und lässt sich nicht mehr verändern.

Die Zukunft ist flüssig ... Das würde ja bedeuten, dass die Zukunft nicht so fest ist, dass also nicht alles festgelegt ist. Ja, dann ..." Robin wurde in seinen Überlegungen plötzlich unterbrochen, weil er Stimmen hörte.

Als er nach unten schaute, sah er einen Mann und eine Frau, die Hand in Hand gingen und auf die Linde zukamen.

Offensichtlich hatten sie ihn noch nicht gesehen.

Auch das noch, dachte Robin. Was soll ich tun? Hallo rufen oder hinunterklettern? Oder einfach oben bleiben und mich ruhig verhalten?

Die beiden waren schon bei dem Baum angelangt, wischten mit der Hand die Bank sauber und setzten sich.

Es wäre jetzt ohnehin peinlich gewesen, wenn Robin sich bemerkbar gemacht hätte, also blieb er, wo er war, hielt sich fest und versuchte, still zu sein.

Zuerst sagten die beiden nichts, sondern saßen nur so da und schauten über die Hochfläche, dann küssten sie sich und Robin hörte die Frau sagen: „Mir ist kalt, Manfred. Komm, lass uns weitergehen!"

Statt dass nun Manfred aufstand, meinte er nur: „Ich kann dich aber auch wärmen", und umarmte seine Freundin.

Hoffentlich gehen die bald, dachte Robin, lange kann ich nicht mehr hier bewegungslos sitzen bleiben.

Das Wärmen hatte offenbar nicht den gewünschten Erfolg, die beiden standen auf und gingen langsam weiter.

„Uff, geschafft", seufzte Robin und bewegte seine Arme und Beine.

In diesem Augenblick drehte sich das Pärchen um und entdeckte Robin in der Linde. Sie waren aber schon zu weit entfernt und hatten keine Lust, umzudrehen.

Nach der ersten Überraschung drohte der Mann scherzhaft mit dem Zeigefinger, aber dann winkten sie doch fröhlich dem Spion auf dem Baum zu. Robin winkte zurück und hörte, wie sie lachten.

Plötzlich dachte Robin an Anja und John und stellte sich vor, wie die beiden auch so Hand in Hand zusammen gingen. Er fühlte einen leichten Stich im Herzen und kam sich plötzlich so überflüssig vor. Pläne, wie er den beiden eins auswischen könnte, tauchten auf.

Was bildet sich John eigentlich ein, meine Cousine so anzuhimmeln? So ein Idiot! Da sind wir nun zwei Jahre zusammen und dann braucht nur so eine Tussi zu kommen und schon bin ich vergessen. Schöne Freundschaft. Aber ich werd ihnen zeigen, dass ich immer noch da bin und dass man mit mir rechnen muss!

Er kletterte vorsichtig hinunter, während seine Jacke noch mehr grüne Flecken abbekam.

Nachdem Robin unten angelangt war, sah er durch das Astgewirr nach oben und kaute auf seiner Unterlippe. „Ich hätte Lust, meinen Aufsatz noch mal zu schreiben und meinen Traum unterzubringen ..."

Er ging zu dem Gebüsch, nahm sein Fahrrad, setzte den Rucksack auf, schwang sich auf den Sattel und sauste den holprigen Waldweg hinunter.

Es machte Spaß, über die Wurzeln zu brettern und ab und zu die Lenkstange nach oben zu reißen.

„Achtung!", brüllte Robin einem unsichtbaren Publikum zu. „Jetzt kommt Robin, der Rennfahrer!"

Ein hilfreicher Irrtum

In ihren schwarzen Lederjacken sahen die vier, die gerade die Straße herabkamen, ganz schön bedrohlich aus. Und Berni genoss es, dabei zu sein und die gemeinsame Überlegenheit zu spüren, wenn er mit Köhler, Baumann und Schiena durch die Straßen zog. Denn einige Leute, die ihnen entgegenkamen, hatten plötzlich Angst und wechselten rechtzeitig die Straßenseite.

Was konnte ihm eigentlich passieren, wenn er mit den Schwarzen Adlern unterwegs war? Im Grunde gar nichts. Ein Glück, dass er damals auf die Gruppe zugegangen war

und ein Gespräch angefangen hatte. Jetzt fehlte nur noch seine kleine Mutprobe, und die würde er bestimmt auch schaffen. Der Schwarze hatte doch sicher Angst vor ihm, und sein Freund, der ihn ständig begleitete, würde sowieso
5 gleich vor Angst in die Hosen machen. Der war ja mindestens zwei Jahre jünger.

Na ja, er brauchte den Nigger ja nicht gleich blutig zu schlagen. Ein paar Tritte genügten schon und dann würde er mit seinem Taschenmesser, dessen Klinge er nachge-
10 schliffen hatte, ein ganzes Büschel Haare abschneiden. Ja und dann würden sie ihm den schwarzen Adler auf das Handgelenk tätowieren und er gehörte dann zu ihnen.

„Machst du mit, Marek?", fragte Köhler gerade.

„Was?"

15 „He! Unser Marek ist nicht ganz bei der Sache."

„Denkt sich wohl grade ein neues Lied aus", meinte Baumann, fuhr sich über die Haare und lachte.

„Ich plane gerade meine nächste Schlägerei", sagte Berni mit schiefem Mund.

20 „Mann, nun hört euch das an. Marek ist im Kommen."

„Was hast du mich denn vorhin gefragt, Köhler?"

„Ich habe dich gefragt, ob du mit uns auf eine Patrouille mitkommst?"

Patrouille
Wachrundgang,
Kontrollgang

„Und was macht ihr da?"

25 „Ganz einfach!", rief Schiena. „Wir gehen durch die Straßen und schauen nach dem Rechten."

„Nach dem Rechten ist gut", lachte Köhler und haute Schiena auf die Schulter.

„Ja, Schiena hat recht, wir schauen, ob alles läuft. Manch-
30 mal ist es nämlich so, dass irgendwelche Ausländer hier randalieren, und da muss man schon mal dazwischenhauen. Auf die Polizei kann man sich ja heutzutage nicht verlassen. Die fassen diese Schweine mit Samthandschuhen an!"

jemanden mit
Samthandschu-
hen anfassen
jemanden beson-
ders rücksichts-
voll behandeln
(Redensart)

„Klar, ich bin dabei", nickte Berni, obwohl er nicht genau wusste, was da wirklich passieren würde. Aber sollte er sagen: Nein, ohne mich? Das wäre wohl völlig daneben.

„Klasse, Marek!", rief Köhler. „Los, wir gehen mal durch die Bahnhofstraße."

Der sonnige Nachmittag ging allmählich in den Abend über und die untergegangene Sonne hinterließ ein fahles Blau über den Dächern der Stadt. Ein Kiosk kam in Sicht und die Schwarzen Adler blieben stehen.

„Ein Bier", rief Köhler der Frau zu, die hinter dem quadratischen Fenster saß und in einer Zeitschrift blätterte. Mit einem leicht geringschätzigen Blick holte sie eine Flasche und nahm das Geld entgegen.

Die Bierflasche ging von Hand zu Hand. Ein Bus kam vorbei, während sie tranken und der Busfahrer hupte und machte ein Zeichen.

„Meint der uns?", fragte Baumann.

„Wahrscheinlich mein Vater, der Spätschicht fährt", sagte Berni.

„Dein Vater ist Busfahrer?", fragte Köhler interessiert.

„Ja."

„Dann kannst du ja umsonst Bus fahren."

„Könnte ich wahrscheinlich. Aber Busfahren ... na ja. Keine Lust."

„Dein Vater", begann Schiena, „ist wenigstens ab und zu mal zu Hause, aber meinen hab ich schon ein paar Monate lang nicht gesehen."

„Wieso? Wo ist er denn?", fragte Berni.

„Abgehauen. Hatte die Schnauze von uns gestrichen voll."

„Na ja. Kann ich irgendwie verstehen", meinte Baumann.

„Sehr witzig."

„Und dein Vater, Köhler?", fragte Berni. „Was macht der eigentlich?"

„Verdient ziemlich viel Kohle. Leitende Position. War total sauer auf mich, dass ich die Schule geschmissen hab."

„Du kannst ja später deinen Schulabschluss nachholen", meinte Berni.

„Klar, könnte ich."

Baumann, der gerade die Flasche ansetzen wollte, hielt sie plötzlich in der Luft und raunte den anderen zu: „Schaut euch mal unauffällig um, wer da gerade aus der Seitenstraße kommt."

Die anderen drei drehten sich zur Straßenseite hin und Köhler pfiff durch die Zähne. „Mensch, Marek, da kommt sie ja, deine Mutprobe."

Tatsächlich bog John gerade in die Bahnhofstraße ein. Als er die Straße überqueren wollte, sah er die Schwarzen Adler. Er blieb unschlüssig stehen.

„Das ist deine Chance, Marek", flüsterte Köhler, „schnapp ihn dir. Jetzt gleich."

Bernis Herz fing an, schneller zu schlagen.

Ich muss ihn kriegen, dachte er. Was anderes bleibt mir gar nicht übrig. Langsam löste er sich von der Holzwand, an die er sich gelehnt hatte, blickte die Straße entlang, sah, dass kein Auto zu sehen war, und ging auf John zu.

Der war aber schon in Alarmbereitschaft gewesen, drehte sich blitzschnell um und rannte zurück. Berni hinterher.

Die anderen drei riefen: „Schnapp ihn dir, Marek! Los, du schaffst es!"

Berni rannte, so schnell er konnte, aber John war schneller und Berni sah, wie sich der Abstand vergrößerte. Außerdem bekam er leichtes Seitenstechen. Er war es einfach nicht mehr gewohnt, so schnell zu laufen. Schließlich blieb er keuchend stehen und rief: „Ich krieg dich irgendwann, Nigger!"

Er blickte unschlüssig die Straße entlang. Sollte er überhaupt zu den andern zurückgehen? Die würden ihn wahrscheinlich bloß auslachen.

Aber das taten sie merkwürdigerweise nicht. Sie versuchten, ihn sogar ein wenig zu trösten, klopften ihm auf die Schulter und sagten: „Das Einzige, wo die Schwarzen uns überlegen sind, ist Laufen und Musik. Sie sind eben die geborenen Feiglinge."

Berni nickte: „Ich weiß inzwischen, wo er wohnt, bin ihm neulich unbemerkt hinterhergegangen. Den erwisch ich noch!"

„Klar, Mann", sagte Köhler, „den schaffst du. Los, gehen wir weiter."

Sie schlenderten in Richtung Bahnhof. Es machte Berni Spaß, so durch die Straßen zu gehen und sich vorzustellen, dass man hier für Ordnung sorgte.

Inzwischen war es dämmerig geworden, sodass die Straßenlaternen violett aufglimmten und danach weiß und hell wurden.

Vor ihnen schimmerte das Bahnhofsgebäude in der Dämmerung mit seiner gelben Klinkerfassade aus dem vorigen Jahrhundert.

Als sie näher kamen, hörten sie laute Stimmen. Zwei Jugendliche zerrten einen Jungen mit sich und traten ihn.

„Los", rief Köhler, „das schauen wir uns an!"

Sie gingen einen Schritt schneller und erreichten die Gruppe. Der Junge fing an zu brüllen.

„Was soll das!", schrie Köhler. „Seid ihr völlig durchgedreht, einen kleinen Jungen zu verprügeln?"

„Eh, Alter", sagte einer, „lass uns in Ruhe mit deinem Gequatsche. Geh heim zu deiner Mutter."

Aber das hätte er nicht sagen dürfen. Köhler holte aus und versetzte ihm einen satten Magenschlag und Baumann, Schiena und Berni hoben drohend ihre Fäuste.

Die beiden merkten, dass sie nicht dagegen ankamen, ließen den Jungen los und verzogen sich.

Der Junge sah sich um, merkte, dass seine Verfolger weg waren, und sagte: „Mann, Alter, dem hast du voll krass eine reingehauen."

Und schon war er verschwunden.

Köhler, Baumann und Schiena wechselten einen überraschten Blick.

„Habt ihr gemerkt, was ich gemerkt habe?", fragte Köhler.

Die anderen nickten: „Verdammt, wir haben gerade einem Türken geholfen!"

Haarsorgen

Berni Marek fluchte, weil er sich den Finger geklemmt hatte, als er den defekten Fahrradschlauch unter dem Mantel herauszog. Jetzt musste er nur noch das Loch finden, aus dem die Luft strömte. Er pumpte den Schlauch auf und hielt sein Ohr hin. Nichts. Offensichtlich war nur ein winziger Ratscher in dem Gummi. Da half alles nichts. Er musste eine Schüssel mit Wasser holen und nach den Luftbläschen suchen. Zum Glück war es das Vorderrad.

Er stapfte in die Wohnung und holte eine Wasserschüssel.

Er war nicht nur schlecht gelaunt, weil sein Fahrrad einen Platten hatte, sondern auch wegen „diesem Nigger". Es blieben ihm nur noch vier Tage, um Johns Haarbüschel abzuschneiden. Gar nicht so einfach. Berni hatte sich das viel leichter vorgestellt. Zwei Chancen hatte er schon verspielt. Einmal hatte er John bis nach Hause verfolgt und dann gestern die Sache in der Bahnhofstraße!

Wieder pumpte Berni den Schlauch auf und zog ihn langsam durch das Wasser. Kurz vor dem Ventil fing es an, zu sprudeln, und er entdeckte die winzige undichte Stelle. Er malte einen Kreidestrich darauf und holte den Klebstoff.

Morgen müsste es eigentlich klappen. Berni wusste, dass John morgen sieben Stunden Unterricht hatte. Er würde zu einer Zeit nach Hause gehen, wo sowieso nicht viel auf der Straße los war. Berni würde dann blitzschnell auftauchen, John mit dem Messer bedrohen und ihm ein Büschel Haare abschneiden. Ganz einfach ...

Berni strich den Kleber auf die Stelle und wartete, bis er trocken war.

Hoffentlich habe ich noch einen Gummiflicken, überlegte er und wühlte in dem Kästchen. Tatsächlich, da war noch einer.

Auf der anderen Seite, überlegte Berni, könnte ich mir die Haare auch beschaffen, wenn sein Freund dabei ist. Das ist ein schmächtiges Bürschchen, das bei meinem Messer sowieso wegrennt.

„Oder ...", murmelte Berni, „ich geh zum Friseur und frage, ob er irgendwo afrikanische Haare hat ... Aber die Schwarzen Adler wollen ja sehen, dass diesem Nigger ein Haarbüschel fehlt. Ich könnte zwar sagen, dass man das eben bei so dichtem Haar nicht bemerkt ..."

Jetzt musste die Klebestelle trocken sein. Berni nahm den Gummiflicken, zog das Silberpapier ab, legte das Gummi auf die getrocknete Klebestelle und drückte fest zu.

Dann pumpte er den Schlauch wieder auf und ließ ihn eine Weile stehen, um zu sehen, ob die Luft drin blieb.

„Nein", sagte er sich und drehte den Schraubenschlüssel hin und her. „Das ist doch Quatsch. Ich muss den Typ richtig überfallen. Wenn ich das nicht schaffe, bin ich echt ein Weichei. Morgen muss es klappen, ob sein Freund dabei ist oder nicht, spielt keine Rolle. Außerdem ..."

Berni zuckte zusammen. Jemand schlug ihm kräftig auf die Schulter und rief laut lachend: „Na, Marek, erschrocken?"

Es war Köhler. Diesmal trug er keine Lederjacke, sondern normale Kleidung: Jeans und einen dunklen Pullover. Irgendwie sah er darin viel kleiner aus.

„Wie ich sehe, kannst du Fahrräder reparieren. Toll. Vielleicht komme ich mal vorbei und bring meins mit. Weißt du, ich hab irgendwie zwei linke Hände ..."

Berni grinste verlegen und sagte: „Ich schau mirs mal an. Obwohl ich auch nicht super bin ..."

„Schöner Garten", meinte Köhler und nickte anerkennend. „Müsste man mal eine Party machen."

Berni dachte an seinen Vater und an die anderen Bewohner, die von einer Party im Stil von Köhler sicher nicht begeistert wären. Warum war Köhler überhaupt hier? Was wollte er von ihm?

„Ich kam gerade zufällig bei dir vorbei und dachte, ich schau mal, ob du da bist ..."

Das glaub ich nicht, dachte Berni und grinste wieder. Grinsen passte eigentlich immer.

„Sag mal, Marek, da fällt mir eben ein ... Wie gehts eigentlich unserem afrikanischen Freund und seinen Haaren? War ja echt Pech gestern, dass er so schnell weg war."

Hab ichs mir doch gedacht, schoss es Berni durch den Kopf. Deshalb sein Auftritt.

Berni bückte sich und hob die Fahrradpumpe auf. „Ich werd ihn wahrscheinlich heute abpassen ..."

„Was hast du gemurmelt?"

„Ich werd ihn heute kriegen", wiederholte Berni und seine Stimme bekam einen ärgerlichen Unterton.

„Reg dich doch nicht auf, Marek, ganz cool bleiben."

Köhler klopfte ihm gönnerhaft auf die Schulter. „Ich mach dir doch keinen Vorwurf. Außerdem hast du noch ein paar Tage Zeit. Du wirst ihn schon noch treffen und ihn erledigen, da bin ich mir ziemlich sicher, Marek."

Köhler drehte sich um und schlenderte zum Gartentor. „Also immer dranbleiben, Marek. Du wirst es schaffen!"

Als sein Besuch gegangen war, blieb Berni noch eine Weile stehen und starrte mehrere Löcher in die Luft.

Irgendwie erinnerte ihn Köhler seltsamerweise an seinen Vater ...

Berni ging zu dem Fahrradschlauch hinüber und fühlte, ob er die Luft gehalten hatte. Aber das Gummi fühlte sich nicht mehr so prall an.

„Mist!", schimpfte Berni und versetzte dem Schlauch einen Tritt, dass er über den Rasen hüpfte. „Jetzt kann ich nochmal von vorne anfangen!"

Seufzend hob er den Schlauch wieder auf, pumpte ihn noch einmal voll und zog ihn wieder langsam durch die Wasserschüssel. Tatsächlich, da war noch ein Leck, das er vorher übersehen hatte. Also, das Ganze noch einmal ...

Plötzlich bemerkte Berni einen Schatten, drehte sich um und sah Schiena den Plattenweg entlangkommen.

„Der hat mir gerade noch gefehlt", brummte Berni.

Schiena schlenderte lässig an der Hauswand vorbei und hob seine Hand. „Hallo, Marek! Kam grade mal hier vorbei und dachte ..." Er ließ den Satz unvollendet.

„Netter Garten."

Berni, der einen unverständlichen Gruß gemurmelt hatte, ließ sich nicht stören und markierte die neue Stelle.

Schiena stellte sich neben ihn und schaute zu.

„Kann schon mal passieren, so 'n kaputter Schlauch …"

„Tja, das passiert schon mal."

Berni konnte es auf den Tod nicht leiden, wenn ihm einer bei der Arbeit zuschaute. Er schmierte die kaputte Stelle mit Kleber ein und holte einen zweiten Flicken.

„Übrigens, Marek, dein schöner Streifen auf dem Kopf fängt an, allmählich zuzuwachsen. Du müsstest die Stelle mal wieder ausrasieren, sieht sonst irgendwie … bescheuert aus!"

„Ja, muss ich dann wohl mal machen." Berni spürte, wie er innerlich kochte, und drückte den Flicken mit ziemlichem Druck auf den Schlauch.

„Ist ja rührend, wie du dich um mich kümmerst", presste er zwischen den Zähnen hervor und dachte: Aber ich glaub nicht, dass du gekommen bist, um mich auf meine Frisur …

„Tja, wir kümmern uns eben. So sind wir nun mal …", meinte Schiena, der die Wut in Bernis Stimme nicht bemerkt hatte oder nicht darauf einging.

„Ach, übrigens, Marek, da fällt mir ein: Hast du heute was bei dem Schwarzen erreicht? Du weißt schon, die Sache mit den Haaren …"

Ich hab es geahnt, dachte Berni. Er richtete sich auf und sagte ziemlich scharf: „Lass mich doch mit deinen Haarsorgen in Ruhe. Gerade vorhin war Köhler da und hat das Gleiche gefragt!"

„Is ja gut, Marek. Du brauchst doch nicht gleich durchzudrehen, nur weil ich eine harmlose Frage gestellt habe." Er rieb an seiner schiefen Nase, als würde er nachdenken.

„Und …? Hast du … was erreicht?", fragte er weiter.

„Ich habe noch nichts erreicht und es ist noch genügend Zeit!"

Mist, dachte Berni, warum zittert meine Stimme auf einmal?

„Na ja, bleib dran. Man sieht sich." Schiena entfernte sich und Berni sah ihm hinterher, wie er mit der Fußspitze einen Kieselstein wegschleuderte.

Ein unangenehmer Typ, dachte Berni. Früher ist mir das gar nicht aufgefallen. Warum nerven die mich auf einmal alle? Sonst war es doch ganz toll, wenn wir was unternommen haben. Er erinnerte sich an den Abend am Bahnhof und musste grinsen, wie bedröppelt Köhler und die anderen dagestanden hatten, als ihnen aufging, dass der kleine Junge ein Türke war. Aber gerade da fand er sie alle sympathisch. Vielleicht weil sie einen Fehler gemacht hatten?

Er schob den geflickten Schlauch unter den Radmantel. Dann pumpte er den Reifen wieder auf, hielt sein Ohr daran, konnte aber kein Zischen hören.

„Diesmal scheint es geklappt zu haben ..."

Er räumte die Werkzeuge zusammen und sagte leise: „Wenn ich erst mal richtiges Mitglied bin, dann werde ich mir auch nicht mehr alles gefallen lassen."

Er setzte das reparierte Vorderrad auf die Achse, schraubte es fest und schob das Rad in den Schuppen. Dann fuhr er sich mit der Hand über seine Mittelstreifenglatze.

„Fühlt sich witzig an, diese Stoppeln", murmelte er und ging mit dem Werkzeugkasten ins Haus.

Knochenarm ist sprachlos

„Wer möchte denn seinen Aufsatz vorlesen?" Schweigen.

Knochenarm stand auf und ging durch die Reihen.

„Also, kommt schon, nur keine falsche Bescheidenheit, oder muss ich ein paar Freiwillige aufrufen?"

Keiner lachte. Schließlich meldete sich Verena.

„Gut, Verena. Dann lass mal hören. Du kannst dich vorne an meinen Tisch setzen oder vom Platz aus lesen."

„Lieber vom Platz aus."

Sie schlug ihr Heft auf und fing an: „Hamburg im Jahr 2050. Ich stelle mir Hamburg im Jahr 2050 interessant und schwierig vor ..."

„Langsamer und lauter", unterbrach Knochenarm.

Verena räusperte sich und fuhr etwas lauter fort: „Das Interessante daran ist die Innenstadt. Ich komme mit einer Schwebebahn angerast und halte vor dem alten Rathaus, das im Jahre 2050 ein Museum ist.

Leute mit den ausgefallensten Kleidern kommen auf mich zu. Da ist zum Beispiel eine ältere Frau, die einen schicken Helm trägt und vorsichtig die langsamste Spur des Förderbandes betritt, das über die Gehsteige läuft und einem das Gehen erleichtern soll.

Ein kleiner Junge trägt einen durchsichtigen Anzug, unter dem man die gelbe Badehose sieht. An einem bunten Stand wird mit einem Supermikrogerät ein Brötchen in Sekundenschnelle gebacken. Oder man mixt sich einen Fruchtsaft und die Maschine stellt daraus sofort cremiges Eis her. Dann gibt es noch künstliche Erdbeeren, die genauso schmecken wie echte Erdbeeren, und Kirschen ohne Steine, die man zu Hause mit einem Pulver anrührt und in Formen fest werden lässt ..."

Robin hatte seinen Kopf aufgestützt und sah aus dem Fenster. Auf einem Ast der Platane stritten sich zwei Vögel.

Zunächst hörte Robin bei der Erzählung zu, aber als Verena lang und breit in die Einzelheiten ging und die Le- 5 bensmittelgeschäfte beschrieb, ließ er seinen Gedanken freien Lauf.

Er machte es sich in seinem Superauto bequem und drückte auf den Verkleinerungsknopf. Augenblicklich schrumpfte er auf die Größe eines Singvogels zusammen und flog auf den Baum, der im Schulhof 10 stand.

Die Vögel, die den herannahenden Schatten bemerkten, hörten mit dem Streit auf und flogen weg. Robin verfolgte sie. Es machte ihm Spaß, Kurven und Loopings zu drehen, sich absacken zu lassen und wieder steil nach oben zu schießen.   15

Unten, auf dem Schulhof, ging ein Lehrer über den Platz. Dem könnte man doch einen Schrecken einjagen …! Robin drückte den Steuerknüppel nach unten, verlor an Höhe und zischte über den Lehrerkopf hinweg. Der spürte einen scharfen Windhauch und blickte verdutzt nach oben. Aber alles, was er sah, waren ein paar Vögel, denn 20 Commander Robin in seinem superschnellen Miniflugzeug flog schon über das Schuldach und schoss mit seinem Maschinengewehr Löcher in die Dachziegel …

„In den Vorstädten von Hamburg sieht es seltsam aus …"

Robin sauste dicht am Kopf eines anderen Lehrers vorbei, landete 25 unbemerkt im Klassenzimmer, wuchs zu seiner Normalgröße und hörte Verena wieder zu:

„Denn überall stehen riesige Müllbehälter herum, die den Abfall in Strom verwandeln. Von den Mülltonnen sieht man lange Schnüre ... ehm ... Kabel in die Häuser reinlaufen ..."

„Seit wann können Elektrokabel laufen?", fragte Knochenarm. „Aber gut, lassen wir sie laufen. Weiter."

„In dieser Gegend möchte ich aber doch nicht so gerne wohnen, obwohl der Strom ziemlich billig sein soll."

Verena, die während des Vorlesens rote Backen bekommen hatte, klappte ihr Heft zu.

„Das war alles."

„Aha", meinte Knochenarm, „hörte sich ganz interessant an. Sehr schön. Wer will noch?"

Heiner meldete sich. Heiner war der Dickste in der Klasse, aber ausgelacht wurde er von keinem, weil er für seine gezielten Faustschläge bekannt war.

Knochenarm war überrascht. „Du, Heiner? Na gut. Also: Heiner liest vor."

Heiner hatte eine raue, laute Stimme und die Lehrer mussten öfter zu ihm sagen: „Schrei nicht so!" Aber zum Vorlesen war das ganz gut. Heiner ließ die Überschrift gleich weg und sprang mitten hinein in seinen Text: „Im Jahr 2050 bin ich Bürgermeister von Hamburg ..."

Einige grinsten und stießen sich an.

„Als Bürgermeister kann ich neue Gesetze machen und einiges bestimmen. Ich würde das Gesetz erlassen, dass es einmal im Monat für jeden Bürger Hamburgs einen Hamburger umsonst zum Essen geben soll!"

Die Klasse lachte und auch Knochenarm musste grinsen.

„Das sind ja gute Zukunftsaussichten", meinte Knochenarm, „vorausgesetzt, jeder mag Hamburger ..."

Heiner starrte Knochenarm mit großen Augen fassungslos an. „Gibt es denn Leute, die Hamburger nicht mögen?" Für Heiner eine grauenhafte Vorstellung.

„Na, dann lies mal weiter."

„Hamburg hat sich unter meiner Führung so richtig herausgemacht. Es ist echt eine Superstadt geworden. Es gibt Kaufhäuser, in denen man sich vom Kaufen erholen kann, und Ereignisplätze. Dort findet man künstliche Landschaften und Hallen, in denen man mit leichten Bau- steinen komplizierte Gebäude bauen kann, die so groß sind, dass man anschließend hineingehen kann …"

„Ein bisschen zu viel *kann*. Weiter."

Heiner gefiel sein Aufsatz selber so gut, dass er immer eifriger wurde. Er beschrieb die tollsten Neuerungen, die er als Bürgermeister eingeführt hatte: „Und im Sommer gibt es in jeder Straße kleine Schwimmbecken, in denen man herumspritzen kann. Außerdem bekommt jedes Jahr der dickste Junge in Hamburg einen Preis: einen Gutschein für zehnmal Mittagessen im besten Hotel."

„Ich weiß schon, wer den Preis bekommt!", rief ein Mädchen: „Heiner!"

„Quatsch!" Heiner schüttelte den Kopf. „Ich bin doch dann kein Junge mehr, sondern der Bürgermeister." – „Ach so."

„Natürlich gibt es im Jahre 2050 die absoluten Superkinos mit 3-D-Filmen. Die wirken so echt, dass bei einem Dinofilm nur ganz Mutige reinkönnen, weil die Dinos direkt mit offenem Mund …"

„*Maul*", verbesserte Knochenarm.

Heiner blickte verwirrt auf. Er hatte wohl das Wort seines Lehrers als Aufforderung verstanden zu schweigen. Aber normalerweise würde selbst Knochenarm nicht so reden.

„*Maul* statt *Mund*", erklärte Knochenarm.

Jetzt begriff Heiner und las weiter: „Also … ehm … Die 3-D-Filme wirken so echt, dass bei einem Dinofilm nur ganz Mutige reinkönnen, weil die Dinos direkt mit offenem Maul auf einen zugerast kommen.

Und die Schule, die ist natürlich vollkommen anders als heute. Man lernt, wenn man grade Lust hat, setzt sich mit ein paar Freunden zusammen und übt mit dem Computer Englisch. Natürlich fährt man mindestens einmal im Monat nach England oder in die USA, um zu testen, wie gut man schon Englisch sprechen kann. Reisen ist total billig."

Heiner klappte das Heft zu. „Das wars."

Alle klatschten Beifall.

„Wirklich ausgefallene Ideen, Heiner. Ein paar unnötige Wiederholungen, aber sonst nicht schlecht." Knochenarm klopfte ihm auf die Schulter. „Ich hoffe nur, dass du bei den anderen Aufsatzthemen auch so eifrig bist ..."

Heiner grinste. „Wenn die Themen gut sind, fällt mir auch was ein."

Knochenarm tat so, als habe er die letzte Bemerkung nicht gehört.

„Noch eine Viertelstunde bis zum Klingeln. Einer könnte noch vorlesen." Er schaute sich in der Klasse um und entdeckte Robin, der versuchte, unauffällig zu wirken. „Na, Robin, wie wärs?"

Robin zuckte zusammen.

„Was? Ich?"

„Ja. Du!"

Robin räusperte sich.

„Ja, also, mein Aufsatz ist nicht direkt eine Erfindung, sondern, ich ... ich habe das geträumt, und ... er klingt nicht so interessant wie die anderen Aufsätze."

„Das macht nichts. Los, fang an. Wir wollen nicht die ganze Zeit mit Reden vertrödeln."

„Also gut." Robin blätterte in seinem Heft, fing den erwartungsvollen Blick von John auf und begann: „In einer Rakete, die von Pferden gezogen wird, nähern wir uns

Hamburg. Wir steigen aus. Ich höre, wie Herr Lubinski
sagt: ‚Meine armen Schüler.'"

Einige kicherten.

„Aha", ließ sich Knochenarm vernehmen. „Ich verfolge
dich wohl schon im Traum, was?"   5

Aber Robin ging nicht darauf ein und las weiter:

„Ich stehe jetzt in einer Einkaufsstraße. Riesige Kaufhäuser erblicke ich, aber das Merkwürdige ist doch, dass
kein Mensch zu sehen ist. Alles ist leer und unheimlich.
Manche Scheiben in den Häusern sind eingeschlagen und 10
auf den Straßen liegt Abfall herum.

Während ich so dastehe, kommt von rechts ein großes
Ei angeflogen."

„Der Eiermann", rief jemand aus der Klasse. Alles lachte.   15

„Ruhe!", rief Knochenarm. „Keine Unterbrechungen
mehr! Ein Ei kommt also angeflogen?"

„Na ja, eigentlich ein Fahrzeug, das eben wie ein Ei aussieht."

„Ach so."   20

„Ein Mann steigt aus und verschwindet. Neugierig, wie
ich nun mal bin, schaue ich mir das Auto an, und, als keiner
kommt, steig ich ein und sause los. Die Bedienung ist einfach. Als ich verfolgt werde, drücke ich den Steurknüppel
nach oben und kann fliegen. Natürlich hänge ich den Geg- 25
ner, der in einem blauen Ei ..."

„Schon wieder ein Ei", lachte jemand.

„Ruhe!", rief Knochenarm.

„Natürlich hänge ich den Gegner, der in einem blauen
Ei fährt, locker ab und schaue mir Hamburg von oben an. 30
Nicht übel, denke ich, allerdings ein bisschen menschen-
leer. Wo bloß die Hamburger sind?"

„Die hat Heiner gegessen!", kicherte ein Mädchen.

„Noch eine Zwischenbemerkung", sagte Knochenarm streng, „und ich setze denjenigen vor die Tür."

„Als ich weiterfliege", las Robin, „höre ich einen Satz ganz dicht neben meinem Ohr, und der heißt: Die Vergangenheit ist fest, die Zukunft flüssig. Ich wundere mich noch darüber und da sehe ich unten, in den Vorstädten, riesige Lagerhallen, die voller Leute sind. Ich fliege tiefer und da sehe ich ..."

„Zu viele *und da sehe ich*", verbesserte Knochenarm.

„Und ... da erkenne ich, dass große Überschriften über den Lagerhallen angebracht sind: *Dänen, Ostfriesen, Bayern, Ukrainer, Südinder, Kroaten, Serben.* Jede Volksgruppe hat eine eigene Lagerhalle, die fest mit Stacheldraht umzäunt ist."

Während Robin weiterlas, wurde es im Klassenraum immer stiller. Die üblichen Nebengeräusche wie Füßescharren, leises Murmeln oder das Klicken irgendeines Gegenstandes waren verstummt. Die Schüler saßen still da und hörten zu.

Robin, der das allmählich auch merkte, wurde zunächst etwas leiser und seine Stimme schwankte zwischendurch, denn er war es nicht gewohnt, solche gesammelte Aufmerksamkeit zu haben, aber dann fing er sich und las laut weiter:

„In den Hallen ist ein ständiges Kommen und Gehen. Überall stehen Wachposten oder Soldaten herum in schwarzen Lederjacken, ohne Helm mit einem ausrasierten Mittelstreifen auf dem Kopf. Während ich so dastehe und die Hallen betrachte, sehe ich ein Schild vor einer Halle, auf dem *Aschanti* steht."

John, der seinen Kopf auf die Arme gelegt hatte, blickte überrascht auf.

„Das Wort kommt mir bekannt vor", las Robin weiter, „denn das ist ein Volksstamm aus Ghana. Plötzlich höre ich

Glas splittern und sehe, wie aus einem Fenster Johns Kopf
zu sehen ist und ein Teil seines Oberkörpers. John winkt mir
zu und schreit: ‚Holt mich hier raus! Holt mich hier raus!'

Ich sehe noch, wie man ihn zurückzerrt. Dann wache
ich auf."   5

Robin schob sein Heft nach vorn und ließ es offen. Keiner sagte etwas. Die Schüler saßen regungslos da, als hätte
ein Zauberer sie in Stein verwandelt. Selbst Knochenarm, dem sonst immer eine blöde Bemerkung einfiel, war
sprachlos.   10

Schließlich fragte er: „Und das hast du so geträumt?"

„Ja."

Keine spöttischen Bemerkungen. Nichts. Knochenarm
nickte nur und meinte: „Ein harter, aber guter Aufsatz,
Robin."   15

In diesem Augenblick klingelte es und die Schüler er-
wachten aus ihrer Erstarrung. Einige gingen stumm nach
draußen, andere kamen zu Robin und sagten: „War echt
cool."

Robin ließ alles liegen, stand auf und ging in die Pause. 20
Als er Schritte hinter sich hörte, drehte er sich um. Es war
John.

„Mensch, das war ja ein ganz anderer Aufsatz als der
von neulich."

„Mhm."   25

„Übrigens, sie haben mir wieder aufgelauert."

„Wer?"

„Na, die Schwarzen Adler. Ich wollte zum Bahnhof und
da ... da standen sie am Kiosk. Und der Typ mit der Brille,
Berni, oder wie der heißt, kam auf mich zu ... Und dann bin 30
ich abgehauen. Ich hatte vielleicht Angst!"

„Hm. Ganz schön blöd", meinte Robin einsilbig. Wortlos gingen sie weiter.

„Aber eines stimmt nicht ganz in deinem Traum", setzte John hinzu, dem Robins Einsilbigkeit nicht auffiel.

„Was denn?"

„Dass die Leute aus Ghana und die anderen eingezäunt sind und beschützt werden. Ich komme mir vor, als ob überhaupt kein Zaun um mich ist und jeder mich anpöbeln kann."

Robin runzelte die Stirn. „Bist du verrückt?" sagte er. „Das sollte doch kein Schutz sein, sondern eher ein Gefängnis. Überleg doch mal John. Eingesperrt zu sein, das heißt doch auch, dass du niemand treffen kannst, weil jeder in seiner eigenen Halle lebt. Du ... du könntest dann Anja nie mehr wiedersehen", fügte Robin hinzu.

„Wenn das so ist", sagte John schnell, „dann möcht ich doch lieber raus."

O Mann, dachte Robin, dich muss es wohl ziemlich erwischt haben. Und eine kleine, zaghafte Regung von Mitleid stieg in ihm auf, die aber schnell verflog, als ihm John heftig auf die Schulter klopfte und gut gelaunt rief: „Also, bis nachher!"

„Ja, bis nachher", murmelte Robin.

Schwarze Adler brauchen G.R.I.P.S.

„Mann, das war der stärkste Aufsatz, den ich je gehört habe."

John saß auf Robins Bett, ließ sich mit dem Rücken auf die kuschelige Tagesdecke fallen, auf der ein paar zerknüllte Zettel lagen und eine leere Dose Haarspray. Interessiert betrachtete er ein Raumfahrtposter, das an der Schräge hing.

„Ich dachte", sagte er zu Anja, „dass Robin die Story bringen würde, die er uns neulich vorgelesen hat, mit

Leutnant Frank und der glasklaren Alster und so, aber dann hat er mit seinem Traum losgelegt ... Wahnsinn!"

John stopfte sich ein paar Kissen unter den Kopf. „Selbst Knochenarm war im ersten Augenblick sprachlos."

Er lachte, als er sich Knochenarms Gesicht vorstellte.

„Und das Ganze auch noch als echten Traum zu verkaufen, klang total überzeugend ..."

„Es war wirklich ein echter Traum", unterbrach Robin ärgerlich Johns Wortschwall. Er saß auf dem Boden und lehnte sich gegen die Wand.

John tauchte zwischen den Kissen wieder auf. „Was? Du meinst, du hast das wirklich ...?"

„Ja, es stimmt", mischte sich Anja ein, die im Schneidersitz neben Robin saß. „Ich hab morgens beim Frühstück Robin erlebt. Er war noch absolut muffelig und hat etwas von einem Traum gefaselt."

„Eigentlich hab ich ziemlich viel weggelassen", sagte Robin etwas ruhiger. „In Wirklichkeit war es noch viel härter. Kochenarm kam am Anfang und Ende vor und Anja war auch dabei und ..."

„Was?" Anja drehte sich erstaunt zu Robin um. „Ich war auch dabei?"

„Ja. Wir waren zu zweit."

„Und was hab ich gemacht?"

„Nichts Schlimmes, liebe Cousine", beruhigte sie Robin. „Du warst da, hast mitgeholfen und ... mitgeschrien und so."

„Und warum kam sie dann nicht im Aufsatz vor?", fragte John.

Robin seufzte. „Ich musste sowieso kürzen ... Na ja, und dann dachte ich, das gibt nur blöde Rückfragen und das übliche Gequatsche ..."

„Um es klar auszudrücken", fuhr Anja etwas bissig fort, „du hast dich geschämt, deine liebe Cousine zu erwähnen ..."

Robin verdrehte die Augen und sagte unwirsch: „Ich hab dich weggelassen, weil ich dich weggelassen habe. Fertig. Sei doch nicht gleich so empfindlich."

unwirsch
unfreundlich

„Wer in letzter Zeit empfindlich ist, das bist wohl du", gab Anja zurück. „Seit Tagen muffelst du so herum und meckerst mich an. Habe ich dir irgendwas getan?"

„Ja", sagte John, „das fällt mir auch auf. Sonst warst du immer ..."

„Jetzt fängst du auch noch an, an mir herumzumachen!", rief Robin wütend. „Macht doch euren Scheiß allein!"

Er stand auf, lief aus dem Zimmer und knallte die Tür hinter sich zu.

Einen Augenblick war es still in Robins Zimmer. Anja und John sagten kein Wort.

„Verstehst du das, Anja?", fragte John nach einer Weile.

„War denn Robin früher auch mal so komisch?", fragte Anja zurück.

John überlegte und meinte: „Klar, er hatte auch sonst mal schlechte Laune wie ich auch, aber meistens konnten wir darüber reden und dann wars vorbei. Aber jetzt? So kenne ich ihn gar nicht."

„Wann fing das denn an?"

„Weiß nicht genau, vor ein paar Tagen ... Ob das vielleicht ...?"

„Du meinst, ob das mit mir zusammenhängt?", fragte Anja.

„Ich kann mirs nicht vorstellen. Ihr habt euch doch sonst ganz gut verstanden, oder?"

„Ja, schon ..." Plötzlich ließ sich Anja aus ihrem Schneidersitz nach hinten fallen und rief: „Ach, du liebe Zeit!"

Erstaunt drehte sich John zu ihr um und fragte: „Was ist denn los?"

„Ich habs."

„Warum Robin so komisch ist?"

„Es hängt doch mit mir zusammen. Oder genauer: mit mir und dir."

„Was? Mit mir auch? Wieso, das kann ..." John schlug sich an die Stirn und grinste das breitestes Grinsen, das ihm zur Verfügung stand. „Jetzt ist mir alles klar. Robin denkt, dass du und ich ... ehm, also, dass wir ..."

„Genau. Er ist sozusagen ein bisschen ..."

„Eifersüchtig", sagten sie beide zusammen und mussten kichern.

Eine Zeit lang war es still. Aus dem Wohnzimmer hörten sie laute Musik.

„Irgendwas müssen wir unternehmen. So kann es nicht weitergehen. Das ist nervend."

Anja stand auf. „Ja, genau, wir unternehmen was! Das Wetter ist ganz gut. Es scheint sogar die Sonne. Wir könnten mit den Rädern in den Wald fahren und auf einem Hochstand was essen oder so ... Vielleicht ergibt sich ein Gespräch."

„Probieren können wirs ja", sagte John nicht gerade überzeugt. „Ob Robin allerdings mitmacht? – Keine Ahnung."

Sie gingen zu Robin ins Wohnzimmer. Er lag auf der Couch und hatte die Stereoanlage aufgedreht.

Mit Johns Vorschlag war er sofort einverstanden und sagte, er würde Cola besorgen.

Als sie zehn Minuten später durch den Wald radelten, schien die Frühlingssonne durch die Bäume und der Boden war übersät mit hellen Lichtpunkten.

Sie mussten hintereinanderfahren, weil der Weg so schmal war.

Robin fuhr vorneweg, weil er einen Hochstand kannte, Anja folgte ihm und John bildete den Schluss.

„Hier ist es!", rief Robin und bremste.

Ein paar Meter neben dem Weg war an einer soliden Eiche ein Hochstand befestigt.

Sie schoben ihre Räder an die Seite und wollten nach oben klettern. Da sagte Anja ärgerlich: „Schaut euch das an: ein paar Bierdosen unter dem Laub! So eine Sauerei!"

Sie stieß mit dem Fuß dagegen, dass das Blech schepperte. „Darüber könnte ich mich tierisch aufregen! Ich möchte bloß wissen, wer so was macht!"

„Irgendwelche Idioten", brummte Robin, der langsam nach oben kletterte.

„Also, wirklich, so etwas gehörte verboten", schimpfte Anja weiter, während sie nach der Leiter griff.

Oben vom Hochstand aus konnte man fantastisch über die Lichtung blicken. Zwischen den Gräsern leuchtete ein Teppich von weißen Blumen.

Als Robin die Colaflasche Anja herüberreichte, entdeckte sie in einer Ecke des Hochstandes noch zwei Dosen. Anja stand auf und warf sie wütend hinunter.

„Ob man da nichts unternehmen kann?", fragte John und biss in seine Mohnschnitte.

„Willst du vielleicht Tag und Nacht Wache schieben und darauf warten, dass jemand eine Bierdose im Wald fallen lässt?", fragte Robin.

„Aber da fängt es an, bei solchen Sachen."

„Was fängt an", fragte Robin zurück, „die Rettung von Hamburg etwa?"

Anja nahm einen Schluck und spuckte die Cola gleich wieder aus. „Wie schmeckt das denn?"

„Wieso?", fragte Robin und probierte. „Ach so. Das ist Cola mit Schuss. Ich hab ein bisschen Gin reingemixt. Eben nur was für harte Männer. Die andere Cola ist ohne."

„Du spinnst", murmelte Anja und griff nach der anderen Flasche.

„Geht das schon wieder los?", sagte Robin mit zusammengezogenen Augenbrauen.

„Also, hör mal, Robin", begann John und trank aus Solidarität aus der Cola-Gin-Mischung. „Es tut uns leid, wenn wir dich irgendwie beleidigt haben ..."

„Uns? Warum uns?"

„Ich glaube, du bist sauer auf uns", sagte Anja, „weil wir ... na ja, weil wir uns eben ... befreundet haben."

„Quatsch, ich bin nicht sauer auf euch", sagte Robin unwirsch. „Es ist nur, ihr habt so eine ... eine unverschämt gute Laune und macht dauernd Witze über mich ... Das stinkt mir langsam."

„Okay", nickte John, „kann schon sein. Aber wir haben das nicht gemerkt. Tut mir leid."

„Schon gut", brummte Robin versöhnlicher.

„Hast du eigentlich alles mit deinem Traum auf die Reihe gekriegt?", fragte Anja mit veränderter Stimme.

„Wieso?"

„Na, du hast doch am Morgen nach dem Traum gesagt: Ich muss erst mal alles auf die Reihe kriegen ... Du wolltest mir den Traum nicht gleich erzählen."

„Ach so. Nee, mir geht noch viel im Kopf herum."

John lehnte sich über das Geländer des Hochstands und sagte: „Manchmal wollen Träume uns etwas sagen."

Robin und Anja schauten ihn groß an.

„Was?"

John räusperte sich. „Bei uns in Ghana sind Träume sehr wichtig. Wir hatten früher in unserem Dorf sogar einen Traumdeuter, zu dem die Leute hingingen, die einen besonders wichtigen Traum hatten."

Robin fragte: „Und was wollte der Traum mir sagen?"

John lachte. „Das weiß ich doch nicht. Ich bin kein Traumdeuter. Ich weiß nur, dass Träume einem manchmal sagen wollen: He, das und das ist jetzt dran oder das musst du jetzt tun oder nicht tun. Mehr so in der Art eben."

Robin blies die Luft aus seinem Mund. „Das würde ja bedeuten, dass der Traum sagen will: Lieber Robin. Die Zukunft ist düster. Die Menschen leben nur noch getrennt in Lagerhallen oder Ge ... Ge ..."

„Gettos", ergänzte Anja.

„Und ich bin derjenige, der alles ändern wird. Tolle Aufgabe! Wirklich super! Das ist genau das, was Anja meint, wenn sie sagt, ich soll nicht so angeben."

Getto
abgetrenntes Gebiet, in dem eine bestimmte Bevölkerungsgruppe lebt

„Eigentlich sagt der Traum nur, dass du John retten sollst", meinte Anja.

Es entstand eine Pause, in der nur das Zwitschern der Vögel zu hören war.

„Ich glaube nicht, dass du alles verändern kannst, Robin", sagte Anja leise, „aber wir könnten ja irgendetwas tun ..."

Robin lachte auf, aber es war kein fröhliches Lachen, eher ein trauriges. „Irgendetwas tun! Mensch, Anja, du hast Nerven! Was können denn drei Schüler schon tun? Das ist doch alles nur wie ein Tropfen auf den heißen Stein ..."

„Der Tropfen auf dem heißen Stein kann der Anfang eines Regens sein", brummte John aus der Ecke.

wie ein Tropfen auf den heißen Stein
viel zu wenig (Redensart)

Anja lachte. „Wo hast du das denn wieder her?"

„Das ist ein Lied, das ich mal gehört habe ..."

Anja sah zu John hinüber: „Du bist schon ein ungewöhnlicher Typ!"

„Wer? Ich?"

„Ja, du."

Ihre Blicke trafen sich für eine Sekunde.

„Dabei fällt mir ein", sagte Anja rasch, um von ihrem

roten Kopf abzulenken, „mit diesen Dosen vorhin, also eine Freundin von mir war vor ein paar Wochen auf einer Anti-Dosen-Demo in Berlin dabei und hat begeistert davon erzählt. Wartet mal, die Demo hatte einen ganz witzigen Namen ... ehm ... irgendwas mit Dosen. Ja, jetzt hab ichs: Total Tote Dose ... Und das hat echt was gebracht. In einer anderen Stadt haben Jugendliche sogar erreicht, dass zwei Straßen zur dosenfreien Zone erklärt wurden ...“

Robin betrachtete seine Cousine zweifelnd: „Bist du sicher? Ich kann mir nicht vorstellen, dass ein paar Jugendliche sowas zustande bringen.“

John kaute am letzten Stück seiner Mohnschnitte und meinte eifrig: „Wenn ein paar Jugendliche so was mit Dosen machen können, dann könnten wir doch auch etwas Ähnliches machen. Immerhin sind Menschen wichtiger als Dosen. Irgendeinen Ausländerschutz gründen oder so ...“ John verschluckte sich beinahe vor Aufregung.

„Ja! Das ist es!“, rief Anja. „Wir gründen einen Klub, einen Klub zum Schutz von Ausländern. Und wenn wir viel werben und noch mehr Leute mitmachen, dann können wir gemeinsam was unternehmen! Infos über Ghana ...“

„Genau“, sagte Robin mit spöttischem Ton. „Wir bieten Deutschunterricht für alle Ausländer an, versorgen sie mit Waffen, damit sie sich wehren können.“

„Mensch, Robin, übertreib doch nicht! Wir versuchen gerade, Ideen zu sammeln, damit Hamburg im Jahr 2050 nicht so aussieht mit diesen Lagerhallen, wie du das geträumt hast, sondern anders. Du hast doch selbst gesagt: Die Zukunft ist beweglich ...“

„Flüssig.“

„Das meine ich doch. Jedenfalls ist nicht alles festgelegt.“

Robin stand auf und schaute vom Hochstand hinunter.

„War da nicht eben ein Geräusch?"

Die drei horchten angestrengt in den Wald hinein, aber außer dem lauten Zwitschern der Vögel war nichts zu hören.

Robin blieb stehen und lehnte sich gegen das Geländer.

„Klar. Toll wäre es schon, irgendwas zu machen. Für mich ist das halt ... komisch. Ich wäre nie auf die Idee gekommen, dass wir selbst etwas unternehmen könnten ..."

„Wir brauchen nur noch einen Namen", sagte John, „vielleicht: Die wilde Drei? Nee, wenn mehr mitmachen, geht das nicht. Oder ..."

„Halt, halt", wehrte Robin ab. „Das geht mir alles viel zu schnell. Außerdem gibt es ein paar Ausländer hier, die ich ganz gerne los wäre."

„Spinnst du?", fragte Anja.

„Ach komm, Anja, tu doch nicht so edel. Dir gehen doch manche Typen auch ziemlich auf den Geist. Ausländer sind eben nicht gleich Ausländer. Manche finde ich gut, wie John, oder fast gut", er grinste, „und manche sind einfach Idioten."

„Genau wie die Deutschen", sagte John. „Manche finde ich gut, so wie Robin und Anja, und manche sind eben einfach Idioten."

Robin musste lachen. „Stimmt. Also geht es uns gar nicht nur um Ausländer ... Aber was wollen wir dann?"

„Wir wollen John schützen", meinte Anja, „und wir wollen, dass Hamburg im Jahr 2050 nicht aus riesigen Lagerhallen besteht und Menschen nicht wie Hühner eingesperrt sind, sondern ... na ja ... sondern sich bunt mischen und gemeinsam leben ..."

„Ich hab den Namen!", rief Robin: „FEFFHÜ: Freies Europa für freie Hühner!"

„Wie witzig", seufzte Anja und tippte sich gegen die Stirn.

„Okay, okay. Aber … was mir noch einfällt, ist Folgendes: Wir sind dafür, dass man gewisse Ausländer schützen muss. Aber nicht nur die, sondern meinetwegen überhaupt Leute, die von irgendwelchen Typen angemacht werden. Neulich habe ich gelesen, dass wieder mal jemand in einer U-Bahn zusammengeschlagen wurde und keiner hat geholfen."

„Na ja, die hatten Angst, selber zusammengeschlagen zu werden", sagte John.

„Aber das ist doch Wahnsinn!", meinte Anja. „In einem U-Bahn-Wagen sitzen mindestens zehn Leute. Wenn die sich zusammentun würden, hätte so ein Schläger überhaupt keine Chance …"

„Wenn …"

„Man müsste also ein Erkennungszeichen tragen", fuhr Robin fort. „Und alle, die sowas tragen, wissen dann voneinander, dass sie eingreifen würden …"

„Ja, das gibts!", rief John. „Ich hab so ein Zeichen schon mal gesehen. Da stand ‚Zivilcourage' drauf."

„Das kann ganz schön gefährlich werden", überlegte Robin laut, „wenn du so ein Zeichen trägst, dann bist du sozusagen gezwungen, einzugreifen und selber auf die Schnauze zu kriegen …"

„Ich habs!" John wedelte mit seiner Hand, als sei er in der Schule. „Mufa."

„Mufa?"

„Ja. **Mu**t **f**ür **a**ndere."

„Hm", sagte Robin, „klingt ein bisschen nach Mofa. Vielleicht: Gegen Rassismus …"

„GR", sagte John. „**G**egen **R**assismus."

„He! Ich habs: G.R.I.P.S. Das würde gut klingen. Also: **G**egen **R**assismus **i**n …"

„In ... Politik und ...“

„Und Schule.“

„Super: G.R.I.P.S.“

„Hm“, ließ sich Anja vernehmen. „Findet ihr nicht, dass
das ziemlich hochgestochen klingt? Vielleicht gibt es auch
noch andere Wörter für G.R.I.P.S.?“

„Hört mal!“, rief John. „Globale Rohlinge importieren
Polizeischutz.“

„Mensch, John, wenn das kein tolles Programm ist!“

Anja hatte zum Schluss nur zugehört und war still geworden. Schließlich sagte sie: „Jetzt, wo es allmählich spannend wird, merke ich, dass ich ja nur zu Besuch bei euch bin
und irgendwann wieder nach Hause fahren muss. Eigentlich
schade.“ Sie schwieg einen Augenblick und sagte dann: „Jedenfalls lässt sich aus den Anfangsbuchstaben von G.R.I.P.S.
einiges machen. Den hundertprozentigen Slogan haben wir
zwar noch nicht, aber das können wir ja noch finden.“

„Stimmt.“ John sah Anja nachdenklich an. „Ich finde es
übrigens auch schade, wenn du wieder wegfährst.“

Robin packte die Sachen zusammen. „Also, bevor unser
Liebespaar gleich Abschiedstränen vergießt, möchte ich
vorschlagen, dass wir jetzt mal einpacken und zurückra-
deln. Die Sonne scheint auch nicht mehr.“

Als sie ihre Sachen verstaut hatten, meinte Robin: „Eigentlich sollten wir vor den Schwarzen Adlern nicht mehr
so viel Angst haben. Schließlich brauchen sie uns, sonst
werden sie zu radikal. Sie brauchen Leute, die ihnen auf
die Finger hauen.“

„Genau“, grinste John: „Schwarze Adler brauchen
G.R.I.P.S.“

Als sie unten angekommen waren und gerade zu ihren
Fahrrädern gehen wollten, kam plötzlich hinter einem
Baum ein Junge hervor und verstellte ihnen den Weg.

Er trug eine schwarze Lederjacke und hielt ein Messer in der Hand.

Robin bekam einen Schreck. Ach, du liebe Zeit, dachte er, der Rassist. Na, der hat uns gerade noch gefehlt!

Angriff der Marekaner

„Interessant, was man da alles so mitbekommt, wenn man durch den Wald geht." Berni Mareks Stimme klang feindlich und böse, obwohl er grinste.

Robin merkte, wie sein Herz schneller schlug und wie gleichzeitig in seinem Kopf absolute Funkstille herrschte.

Die drei wussten zunächst nicht, was sie sagen sollten, und so redete Marek weiter: „Einen Klub wollt ihr also gründen? Wie edel! Und dann noch Ausländer und andere Schwächlinge schützen. Mufa und Grips! So ein Quatsch! Und noch dazu mit einem Nigger. Super!"

Als Anja das Wort Nigger hörte, wurde sie rot und ballte die Fäuste.

„Und wer bist du?", fragte sie und ärgerte sich, weil ihre Stimme dünn und zittrig klang.

„Spielt keine Rolle. Hauptsache, ich weiß, wie ihr heißt und besonders unser lieber, kleiner Freund aus Afrika, der besser dort geblieben wäre, meint ihr nicht auch?"

John, der sofort den Verfolger von neulich erkannt hatte, wich unwillkürlich einen Schritt zurück.

„Halt, halt, nicht so schnell. Bevor du abhaust, möchte ich dir doch noch gerne einen kleinen Denkzettel verpassen!"

Blitzschnell trat Marek mit seiner Schuhspitze gegen Johns Schienbein, sodass John vor Schmerz aufschrie und in die Hocke ging.

„Und dann brauch ich auch noch ein Büschel echter Niggerhaare." Berni ging auf John zu.

Robin merkte, dass er jetzt etwas unternehmen musste, aber die Angst saß ihm immer noch im Nacken. Berni sah kräftig aus und wenn Robin sich mit ihm anlegen wollte, musste er sich einiges einfallen lassen.

Plötzlich erinnerte er sich an seine Beobachtung neulich abends am Küchenfenster, wie Berni Marek in der Küche mit gesenktem Kopf dasaß, als sein Vater ihn abgekanzelt hatte. Und gleichzeitig merkte er, wie seine Angst etwas nachließ. Berni Marek, das arme Schwein!

„Ich warne dich, Berni Marek", sagte Robin laut, „wenn du nicht sofort aufhörst, sag ich es deinem Vater."

Marek drehte sich überrascht um. Damit hatte er nicht gerechnet. Seine Überheblichkeit fiel von ihm ab und er wurde unsicher. Seine Augen gingen nervös hin und her.

Anja begriff jetzt, wer da vor ihnen stand. „Lass die Finger von unserem Freund, Bernilein. Mein Vater ist bei der Polizei", sagte sie wütend.

Berni Marek starrte sie an und wusste nicht, was er tun sollte. Man sah, wie es in seinem Kopf arbeitete.

Er hatte nicht damit gerechnet, dass die anderen seinen Namen kannten. Er fühlte sich in die Enge getrieben und schaute die drei wütend an.

„So, so ... Ihr kommt euch wohl ziemlich schlau vor, was?" Er steckte eine Hand in seine Jackentasche. „Aber so schnell kommt ihr nicht davon. Zum Glück ist außer uns keiner da. Ihr könnt den Leuten viel erzählen. Außerdem habe ich gesagt, dass ich dem Nigger einen kleinen Denkzettel verpassen werde."

Als Robin merkte, dass Berni zwar etwas unsicherer geworden war, aber John trotzdem zusammenschlagen wollte, überlegte er fieberhaft, was er tun könnte. Was wollte Berni überhaupt mit Johns Haaren?

Die Angst war mittlerweile fast weg und er spürte stattdessen eine wahnsinnige Wut im Bauch.

Bevor Berni Marek wusste, was los war, hatte Robin ihm schon mit voller Wucht seine Faust in den Magen gerammt.

Marek schwankte, stöhnte und krümmte sich. Das Messer fiel auf den Boden und noch etwas anderes direkt neben John.

„Los!", schrie Robin. „Auf die Räder! Schnell!"

Er zog John am Ärmel. Der rappelte sich auf und griff, ohne zu überlegen, nach dem Gegenstand, den Berni verloren hatte. Halb benommen lief er hinter Robin her.

Sie nahmen ihre Räder, schwangen sich auf die Sättel und traten in die Pedale.

Berni Marek hatte sich inzwischen aufgerafft und torkelte hinter ihnen her, wobei er laute Drohungen ausstieß. Aber der Abstand zwischen ihm und den anderen vergrößerte sich.

Völlig geschafft kamen die drei dann in Robins Zimmer an.

„Ich muss erst mal was trinken", keuchte Anja und ging in die Küche.

„Bring uns was mit!", rief Robin hinter ihr her.

Wie Verdurstende tranken sie ihre Becher leer.

„Meine Zeit, so schnell bin ich schon lang nicht mehr geradelt", sagte Anja mit rotem Gesicht, auf dem Schweißperlen standen.

Robin atmete aus. „Mann, Mann, Mann, das ist vielleicht ein ekliger Typ, dieser Berni!"

John saß nur da und sagte kein Wort.

„He, John, was ist denn los?"

John machte eine müde Bewegung mit der Hand. „Jetzt habt ihr nur Schwierigkeiten wegen mir."

„Na und?" Robin goss sich noch etwas ein. „Ich glaube nicht, dass Bernilein uns noch viel tut, er ist ganz schön erschrocken, als ich seinen Namen wusste." Er sah zu Anja hinüber. „Übrigens, Anja, ich wusste gar nicht, dass dein Vater Polizist ist!"

Anja lachte. „Ich auch nicht. Aber das macht bei solchen Typen immer Eindruck."

„Na ja, ein komisches Gefühl habe ich schon, wenn ich nach draußen gehe", sagte John. „Neulich hatte er mich ja auch schon verfolgt ... Und wenn der Kerl wieder auftaucht, soll ich dann abhauen?"

„Wir werden dich halt in den nächsten Tagen und Wochen begleiten", sagte Robin. „Wir müssen dringend Leute für G.R.I.P.S. finden und dann werd ich mal mit meinen Eltern reden. Meine Mutter ist immerhin im Schulelternrat. Die könnten das in einer Sitzung mal ansprechen."

„Meinst du?" Johns Stimme klang ziemlich mutlos.

„Du, ich glaube, der Kerl wird sich erst mal zurückhalten. Im Grunde sind solche Typen feige ..."

„Ach du Schreck", rief Anja dazwischen, „ich wollte ja einen aus meiner Klasse anrufen, wegen einer Matheaufgabe!"

John rappelte sich auf, er hinkte.

„Ich glaub, ich geh jetzt nach Hause."

„Okay, ich begleite dich", sagte Robin schnell und stand auf.

„Wie sieht denn dein Schienbein aus?"

John schob das Hosenbein seiner Jeans vorsichtig nach oben und verzog den Mund. „Schürfwunde. Wenigstens blutet es nicht."

John redete nicht viel auf dem Nachhauseweg und machte einen niedergeschlagenen Eindruck. Und Robin fiel auch nichts ein.

Als John die Haustür öffnete, drehte er sich um und sagte mit schiefem Lächeln: „Danke!"

„Schon gut."

Später lag Robin auf seinem Bett. Er hatte ein komisches Gefühl im Magen und merkte, dass er ein wenig zitterte. Tausend Gedanken schossen durch seinen Kopf. Er erlebte die Szene im Wald noch einmal und wunderte sich, dass er so schnell gehandelt hatte.

Er drückte auf den Knopf seines Funkgeräts. „Hier Commander Robin, bitte kommen."

Es rauschte und Leutnant Franks Stimme klang hektisch.

„Wo haben Sie gesteckt, Commander? Wir haben zwischendurch den Kontakt zu Ihnen verloren."

Der Commander, der seinen Bleischuh ausgezogen hatte, warf ihn in eine Ecke. Er flog ein wenig zu hoch, ganz stimmte die künstliche Schwerkraft noch nicht.

„Habe gerade eine Flotte feindlicher Rassisten, die vom Planeten Marek stammen, abgewehrt. War 'ne verdammt heikle Sache, kann ich Ihnen sagen. Bin beinah selber draufgegangen. Aber die Kerle haben einen Denkzettel bekommen."

„Alles sehr schön, Commander, aber wir brauchen Sie dringend auf Ihrem Posten."

„Was ist denn los? Irgendwelche feindlichen Raumschiffe?"

„Nein, nein. Aber eine Katastrophe kommt auf uns zu."

„Was? Eine Katastrophe?"

„Ja, Sie haben richtig gehört. Vielleicht können Sie uns helfen ..."

Commander Robin warf den anderen Bleischuh in die Ecke und massierte seine Zehen.

„Okay, was muss ich tun, Jungs?"

„Ein Asteroid rast auf die Erde zu. Wenn wir nichts unternehmen, *Asteroid*
trifft er in drei Tagen auf Nordeuropa. Sie können sich vorstellen, was *kleiner Planet*
dann los ist! Der Aufprall würde eine riesige Explosion auslösen und
einen Feuersturm entfachen, dessen Zerstörungswut nicht zu bremsen
₅ wäre … Sie erinnern sich vielleicht, zur Zeit der Dinosaurier soll so
etwas Ähnliches vorgekommen sein."

„So alt bin ich nun auch nicht, Leutnant Frank!"

„Ha, ha, sehr witzig! Versuchen Sie den Asteroiden ins Bild zu kriegen. Er fliegt im Planquadrat X2A4."

₁₀ Commander Robin gab die Zahlen in seinen Bordcomputer ein. Eine
Sekunde später sah er auf dem Bildschirm einen unförmigen Brocken
mit unregelmäßiger Oberfläche.

Er pfiff durch die Zähne. „Sieht nicht gut aus."

„Ja, das finden wir auch." Es knackte.

₁₅ „Hören Sie uns, Commander?"

„Klar, alles roger. Ich höre."

„Also gut. Sie müssen eine Rakete mit einem Sprengsatz auf den
Brocken abschießen. Damit ändern Sie seine Flugbahn und er rast
dann an der Erde vorbei."

₂₀ Commander Robin nickte. „Ist das alles?"

„Ja. Aber so einfach, wie Sie sich das vorstellen, ist es nicht. Es
kann sein, dass das Ding durch die Explosion in mehrere Teile zerfällt,
und ein kleinerer Teil könnte dann trotzdem die Erde erreichen. Sie
dürfen also nicht zu viel und nicht zu wenig schießen. Wir brauchen
₂₅ jemanden mit Fingerspitzengefühl, also jemanden wie Sie."

Commander Robin lächelte. „Ich werde mein Bestes versuchen,
Jungs. Wie ist das Wetter bei euch?"

„Ein paar Frühlingsstürme jagen über Norddeutschland."

„Na ja, dann lasst euch mal nicht wegpusten. Ende."

₃₀ „Ende."

Nachdem Commander Robin den Lautsprecher abgeschaltet hatte,
blieb er noch eine Weile im Sessel sitzen und tippte in seinem Rechner-
programm einige Zahlen ein.

„Ich muss exakt ausrechnen, was bei dem Aufprall passiert, wenn ich eine bestimmte Ladung Sprengstoff einsetze", sagte er.

Er war mit dem Ergebnis zufrieden, stand auf und ging in einen anderen Raum, um die Rakete fertig zu machen.

Bald saß er wieder in seinem Cockpit und drückte auf den Startknopf. Auf seinem Bildschirm sah er, wie die Rakete das Raumschiff verließ.

„Hallo Bodenstation."

„Wir hören."

„Rakete gezündet. Wir können jetzt bloß noch abwarten."

Zunächst war nur die Rakete auf dem Monitor zu sehen, dann kam der Asteroid ins Blickfeld. Langsam näherte sich die Rakete, dann kam die Explosion. Gespannt beugte sich der Commander vor.

Für eine Minute war nur Staub zu sehen. Als sich das Bild klärte, sah man, wie der Brocken, der jetzt etwas kleiner schien, weiterflog.

Commander Robin stellte die Position des Asteroiden ein und ließ dessen neue Flugbahn berechnen.

Sie ging knapp an der Erde vorbei.

„Hier Bodenstation. Gratuliere, Commander Robin! Sie haben die Gefahr abgewendet. Die Nordeuropäer werden Ihnen dankbar sein."

„Gehört doch zu meinem Job, oder?"

„Robin! Abendessen!", rief seine Mutter.

Als Commander Robin aufstand, sah er, wie ein ganzer Regen von kleinen Steinen auf sein Schiff zugerast kam und es bombardierte. Das war vermutlich der Staub von der Explosion, aber es gab nur ein paar Beulen in die Außenwand, weiter nichts.

„Jetzt hab ich mir aber mein Abendessen verdient", sagte Robin und steckte seine Hände in die Taschen.

Die Rückseite der Angst

„John, kannst du mir mal eben ein Brot holen? Das alte ist verschimmelt."

„Muss das jetzt sein?"

„Ja, es muss jetzt sein. Es gibt bald Abendbrot."

Die Stimme von Frau Asamoa, die aus der Küche drang, klang sehr bestimmt, und John wusste aus Erfahrung, dass er trotz aller Gegenargumente dann doch gehen musste.

„Die Herrschaft der Frauen", murmelte er und stand auf. Er hatte es sich auf seinem Bett gemütlich gemacht und sein Bein hochgelegt. Ohne dass es seine Mutter mitbekam, hatte er sich ein großes Pflaster besorgt und auf die Schürfwunde getan. Dann scheuerte der Hosenstoff wenigstens nicht an der offenen Stelle. Seine Mutter brauchte gar nichts von dem Zwischenfall zu wissen. Sie würde sich nur unnötig aufregen.

So gut es ging, versuchte John das Hinken zu überspielen, holte sich das Geld aus der Küche und zog los.

Draußen war es schon dunkel, aber die Frühlingswärme war noch nicht ganz verschwunden, denn gegen Abend hatten sich Wolken am Himmel gesammelt, die wie eine große Decke die Erde warm hielten.

John ging langsam zum Supermarkt, in dem sich eine kleine Bäckerei befand. Plötzlich blieb er stehen. Ihm schien, er habe leise Schritte hinter sich gehört. Unauffällig drehte er sich um. Aber da war nichts, nur ein paar Leute an der Bushaltestelle. Aber sonst – niemand zu sehen.

„Jetzt bilde ich mir schon ein, verfolgt zu werden", sagte er halblaut zu sich.

Bald hatte er das Geschäft erreicht und das Brot gekauft. Dann trat er den Rückweg an.

Jetzt aber hörte er wirklich Schritte hinter sich. Das war keine Einbildung. Er ging schneller. Auch die Schritte wurden schneller. Am besten die Bushaltestelle erreichen, dachte er mit klopfendem Herzen, da sind immer Leute. Aber der Bus war inzwischen gekommen und hatte alle mitgenommen.

„Verdammt. Wenn ich keine Verletzung hätte, würde ich jetzt einen kleinen Spurt hinlegen und dann ...“

Die Schritte kamen näher. Rasch drehte sich John um und sah aus den Augenwinkeln eine Gestalt in schwarzer Lederjacke und mit Hornbrille, die unter dem Schein einer Straßenlaterne deutlich zu erkennen war.

„Da ist er wieder“, murmelte John, und der Angstschweiß brach ihm aus. Immer noch war kein Mensch zu sehen, nicht einmal ein Auto, das er hätte anhalten können. Und selbst wenn er eins anhalten könnte, was würde das nützen? Der Kerl würde sich verdrücken, der Autofahrer den Kopf schütteln und wieder weiterfahren. Warum hatte er sich bloß breitschlagen lassen, das Brot zu holen? Er hätte seiner Mutter von dem kurzen Kampf erzählen sollen ... Was sollte er tun?

Jetzt hörte er schon die Atemzüge von Berni Marek. Da lief John los. Er biss die Zähne zusammen, als er den Schmerz in seinem Bein spürte. Aber besser, ein bisschen Schmerzen zu haben, als von dem Typ zusammengeschlagen zu werden. Auch sein Verfolger fing an zu rennen.

Ich muss ihn abhängen, ich muss ihn abhängen, ich muss ihn abhängen, hämmerte es in seinen Gedanken. Ich muss in eine Seitengasse abbiegen, durch einen Garten ...

Und schon war er in eine Seitenstraße gebogen.

Da hinten bei den Bäumen, das wusste er, konnte man sich durch einen Zaun zwängen und dann mit Volldampf durch die Rhododendronbüsche brechen. Und schon wäre er in dem kleinen Vorgarten.

John war bei den Bäumen angekommen, zwängte sich durch die unsichtbare Lücke im Zaun und hörte den über-
5 raschten Laut von Berni, der vor sich hinfluchte. Das gab John einen kleinen Vorsprung. Wie ein Geschoss drückte er sich durch die Büsche und fummelte im Gehen nach seinem Schlüsselbund. Zitternd steckte er den Schlüssel in das Schloss, während er Geräusche bei den Büschen hörte.
10 Ein Glück! Die Tür ging auf, er knallte sie zu, drehte sich um und schloss von innen ab. Dann hastete er die Treppen nach oben, öffnete die Tür und stellte schwer atmend den Rucksack auf einen Stuhl.

„Das ging aber schnell!", wunderte sich seine Mutter.
15 „Ich … ich hab … einen kleinen Endspurt hingelegt", keuchte John atemlos. „Bisschen fit halten …"

Dann ging er auf sein Zimmer, das er mit seinem kleinen Bruder teilte, der aber zum Glück im Wohnzimmer war, und warf sich auf sein Bett.
20 Erleichtert wischte er sich über seine nasse Stirn und sagte: „Noch mal gut gegangen. Ich muss nachher Robin anrufen und ihn bitten, mich morgen früh abzuholen, so doof das auch ist. Aber im Augenblick brauch ich Verstärkung."
25 Er verschränkte die Hände hinter seinem Kopf, schloss die Augen und ließ seine Gedanken laufen. Die Wunde an seinem Schienbein pochte. So geht das nicht weiter, dachte er, ich muss irgendetwas unternehmen. Ich kann doch nicht jeden Tag mit Bewachung zur Schule gehen.
30 Er dachte daran, dass er eigentlich ganz gerne hier lebte. Und normalerweise passierte ja auch nichts. Er war beliebt bei seinen Klassenkameraden. Es gab viele tolle Sachen hier. Nur, dass er durch seine dunkle Haut immer auf-

fiel ... Manchmal nervte es ihn, wenn kleine Kinder stehen blieben und hinter ihm herriefen: „Kuck mal, ein Neger!" Er sehnte sich danach, einfach durch die Straßen zu gehen und überhaupt nicht aufzufallen.

Mit Wehmut dachte er an letztes Jahr zurück, als er mit seiner Mutter und Mary die Großeltern in Ghana besucht hatte.

Die Hitze war fantastisch gewesen. Und wenn er durch die Straßen von Kumasi gegangen war, hatte sich keiner nach ihm umgedreht. Alle hatten wie er eine dunkle Hautfarbe bis auf die paar Weißen, Touristen oder Angestellten einer Firma, hinter denen die Kinder hergerufen hatten: „White man, white man!"

Und jetzt diese Sache mit Berni und den Lederjacken, die machte ihm zu schaffen! Das konnte doch nicht so weitergehen. Er hatte keine Lust, jeden Tag ängstlich durch die Straßen zu schleichen ... Man müsste diese Idioten mal richtig durchprügeln, grün und blau hauen! Wenn erst der G.R.I.P.S.-Klub richtig in Schwung kam, könnte man das machen. Aber das dauerte. Und in der Zwischenzeit ...?

John tastete mit der Hand auf seinem Nachtisch herum. Richtig, hier lag die Kassette. Er betrachtete sie. Sie war leicht abgewetzt. Jemand hatte darauf etwas überspielt. Heute Nachmittag hatte Berni sie bei dem kurzen Kampf verloren und John hatte danach gegriffen und sie eingesteckt.

Was stand drauf? „Seite 1 Rechtskurve 10.12. Dortmund."

„Rechtskurve?", überlegte John.

Ach ja, das musste eine Musikgruppe sein, eine von der Sorte, die rechte Parolen und Gewalt verbreitete. Er stand auf und steckte die Kassette in den Rekorder.

Harter Schlagzeugrhythmus war zu hören, die Akkorde einer E-Gitarre und eine heisere Stimme, die mehr brüllte als sang: „Gestern hab ich ein paar dunkle Typen auf der Straße gesehn. Aeea. Heute waren es schon mehr.
5 Ich kann sie nicht verstehn. Aeea. Reden wirres Zeug und kassieren alles ab. So geht das doch nicht weiter. So geht das doch nicht weiter. Schiebt sie ab, schiebt sie ab, schiebt sie ab ...“

John drückte wütend auf die Stopptaste. Das genügte.
10 Offensichtlich handelte es sich um die Lieblingsband von Berni. Tolle Truppe! Wirklich super ...

Plötzlich kam es ihm vor, als käme von irgendwoher ein Gedanke angeflogen, ein ganz kleiner, unscheinbarer Gedanke: „Die Angst hat eine Rückseite. Dreh den Spieß doch
15 um. Eigentlich müssten sie vor dir Angst haben.“

John wusste nicht, wie er darauf kam. Vielleicht hatte er den Satz irgendwo mal aufgeschnappt ...?

Einfach lächerlich. Wieso sollten die vor ihm Angst haben ...?

20 Aber dann kamen plötzlich noch andere Gedanken dazu. Seine Tante Sylvie fiel ihm ein, die auch in Deutschland wohnte und bei einem Reisebüro arbeitete, das auch einen Kartenservice hatte.

Seltsame Gedankenfetzen von Haaren, Karten-
25 verkäufen, der Stimme seiner Großmutter und von Konzerten stürmten auf John ein. Und allmählich, wie bei einem Puzzle, ordneten sich diese Gedanken und ergaben ein wunderbares Bild.

John sprang wie elektrisiert auf und schrie: „Aua!“, weil
30 er sein Bein vergessen hatte. Aber das war jetzt Nebensache. Er hatte die Idee des Jahres, nein, des Jahrhunderts. Klar, es klang alles total verrückt. Aber es hatte etwas Geniales an sich! Die Rückseite der Angst! Und wenn es

den Spieß umdrehen
mit der gleichen Methode, mit der man angegriffen wird, selbst angreifen (Redensart)

klappen sollte, dann ... Robin und Anja würden Augen machen. Und ... Genau, man konnte es so einfädeln, dass sie glaubten ...

John fing an, laut zu lachen, lief zum Telefon und wählte die Nummer seiner Tante Sylvie.

Rechtskurve im Angebot

Berni Mareks Stimmung hatte den Tiefpunkt erreicht. Und dabei schien die Sonne, ein warmer Wind streifte durch die Bäume, deren Blätter in den letzten Tagen enorm gewachsen waren und die Baumkronen viel fülliger aussehen ließen.

Vögel sangen und zwei Schüler, die die Straße heraufkamen, hielten Eistüten in der Hand.

Während Berni die Sporthalle verließ, war sein Blick trübe.

So dicht war er dran gewesen. Sein Feind war da, das scharf geschliffene Messer war da, alles war vorbereitet. Und da musste dieses Milchgesicht Bernis Namen kennen und seinen Vater ins Spiel bringen. Damit hatte er einfach nicht gerechnet. Und dann noch diese dicke Ziege, deren Vater angeblich Polizist sein sollte! Und am selben Abend hätte er den Schwarzen beinahe doch noch erwischt. Ideale Verhältnisse: Kein Mensch unterwegs, der Typ am Bein verletzt – und dann entwischte er ihm trotzdem, weil er irgendwelche Schleichwege kannte. Es war zum Wahnsinnigwerden!

Berni überquerte den Schulhof und zog seine Augenbrauen ärgerlich zusammen. Mit diesem Magenschlag im Wald hatte er nicht gerechnet. Und dann hatte er auch noch irgendwo die Kassette mit seiner Lieblingsband „Rechtskurve" verloren. Zu blöd. Jetzt musste er sich die CD noch einmal ausleihen, um alles zu überspielen. Alles ging schief. Nur noch zwei Tage, dann musste er die Haare von diesem Schwarzen vorzeigen, um ganz Mitglied werden zu können. Das würde jetzt noch schwerer werden, weil die Freunde des Niggers ihn in der nächsten Zeit sicher begleiten würden.

Berni ging in Gedanken versunken weiter und stieß aus Versehen ein paar Schüler an.

„He! Pass doch auf!"

Er musste zu diesen Haaren kommen. Aber wie? Vielleicht bevor der Schwarze zur Schule ging ...? Oder sollte er sich vielleicht von hinten anschleichen und unbemerkt ...

Halt! Hatte da nicht jemand einen ganz bekannten Namen gerufen? Jetzt hörte er womöglich schon Stimmen! Nein, da war er wieder, sein Lieblingsname: „Rechtskurve".

Berni bog um die Ecke und traute seinen Augen nicht. Da stand doch tatsächlich dieser Nigger und rief: „Super Karte für das Rockkonzert mit Rechtskurve."

Das ging doch nicht mit rechten Dingen zu! Berni wusste genau, dass das Konzert ausverkauft war. Noch gestern hatte er sich erkundigt. Wie kam dieser Typ zu der Karte? Und wie der sich frech hier aufbaute und mit seinem weißen Pferdegebiss so eklig lächelte ... Er musste herausfinden, ob das mit der Karte stimmte. Womöglich war das Ganze ein Trick.

Wie zufällig schlenderte er an John vorbei und fragte herablassend: „Was soll der Quatsch! Zufällig weiß ich, dass das Konzert ausverkauft ist. Also, hau ab!"

John drehte sich um. „Ach du bist das? Wir kennen uns doch von irgendwoher?"

„Ich geb dir den guten Rat, Nigger, schnellstens von hier zu verschwinden, oder ich trete dir gegen das andere Schienbein."

„Ich heiße übrigens nicht Nigger. Da muss eine Verwechslung vorliegen, ich heiße John. Gut, wenn du keine Karte willst ..."

„Lass mal sehen."

„Ich hab sie jetzt nicht dabei. Sonst reißt mir die noch jemand aus der Hand. Aber wenn du morgen Nachmittag, so gegen drei, bei Robin Schwarz in der Frankfurter Straße 32 vorbeikommst, kannst du sie dir abholen. Fünfundzwanzig Euro kostet der Spaß."

„Ich glaub dir kein Wort. Ein billiger Trick."

„Zufällig arbeitet meine Tante bei einem Kartenvorverkauf, und die hatten gerade noch eine, die jemand zurückgegeben hatte. Aber wenn du mir nicht glaubst, bitte ... Ich werd die Karte schon los."

Berni Marek wusste nicht, was er sagen sollte. Es hörte sich irgendwie glaubhaft an.

„Mal sehn, ob ich morgen Nachmittag Zeit habe", sagte er so unbeteiligt wie möglich. „Dann schau ich mal rein. Aber ich warne dich, wenn das eine Falle ist, hetze ich die Schwarzen Adler auf dich und deine sauberen Freunde."

John zuckte mit den Schultern. „Ich will nur die Karte loswerden. Vielleicht kann ich sie bis dahin aufheben. Wenn du nicht kommst, ist sie weg."

Berni drehte sich um und wollte gehen.

„Ach, übrigens ...", sagte John.

Berni drehte sich um.

„Ich hab ‘ne kleine Tüte für dich, wenn du kommst. Da sind original afrikanische Haare von mir drin. Keine Ahnung, warum du auf afrikanische Haare stehst. Das macht dann aber noch fünf Euro extra."

John versuchte, ein Lächeln zu unterdrücken, wandte sich schnell ab und ging über den Schulhof nach Hause.

Berni Marek blieb wie betäubt stehen. „Was sollte denn das nun wieder?", murmelte er. „Woher weiß der Kerl ... Ach so, ich hatte ja neulich das Messer dabei und wollte seine Haare haben."

Nachdenklich ging er weiter. Irgendwie gefällt mir das nicht. Warum hatte er ausgerechnet eine Karte meiner Lieblingsband ...? Und warum ist der Typ plötzlich so freundlich, obwohl ich ihn vors Schienbein getreten habe ...? Vorsicht, irgendwas ist da faul. Ich werd auf jeden Fall hingehen, aber mein Messer einstecken.

Während Berni weiterging, war sein Blick nicht mehr ganz so trübe. Immerhin, die Aussicht auf ein Rockkonzert mit Rechtskurve, das baute ihn auf. Und wenn der Platz ziemlich weit vorne lag, könnte er vielleicht mit den Typen reden ...

Als Berni zu Hause ankam, steckte er den Kopf in die Küche und schnupperte. Es gab Spaghetti.

„Hallo Berni", sagte seine Mutter. „Na? Wie war die Schule?"

„Scheiße wie immer."

Bernis Mutter seufzte. „Kannst du dir nicht mal ein paar andere Wörter zulegen?" Sie fischte mit der Gabel zwei lange Spaghetti heraus und probierte sie. „Noch drei Minuten."

Dann goss sie zu dem angebratenen Hackfleisch etwas Brühe und rührte langsam ein halbes Glas pürierte Tomaten unter das Ganze.

„Es muss doch auch irgendetwas Nettes während der Schulzeit geben", sagte sie dann, „es kann doch nicht nur ... schlecht gewesen sein."

„Ich sag dir, es war nur Mist. In Bio schrieb Schlange stundenlang ...“

„Wer?"

„Ach so, Schlange, das ist Herr Rot, seine Gesichtshaut pellt sich ständig wie bei einer Schlange, die sich häutet."

Berni holte ein paar Spaghetti aus dem Topf und ließ sie in seinen Mund gleiten.

„Also, Schlange schrieb den ganzen Stoff wortlos an die Tafel, damit wir ihn abschreiben. Ziemlich stumpfsinnig. In Englisch gab es einen Überraschungstest, dann wurden wir dabei erwischt, dass wir während der Pause draußen einkaufen waren ..."

„Warum müsst ihr auch immer da rausrennen!"

„Der Kiosk in der Schule ist viel zu teuer und hat überhaupt keine Auswahl ... Ja, und dann hat sich irgend so ein Lehrer vom Gymnasium beschwert und behauptet, dass Realschüler auf ihrem Schulhof Hetzparolen gebrüllt hätten."

„Was denn für Parolen?" Frau Marek nahm den Spaghettitopf vom Herd und schüttete den Inhalt durch ein Metallsieb.

„Ach, die bauschen immer alles auf. Wir haben zum Spaß irgendwas gegen Ausländer gebrüllt."

„Wir? Also warst du auch dabei?"

„Klar. Ich bin doch bei den Schwarzen Adlern so gut wie drin."

„Schon wieder die!"

„Ach Mama, das verstehst du nicht."

Frau Marek stellte den Parmesankäse auf den Tisch und die Tomatensauce daneben. „Hol mal drei Teller raus, Berni, und drei Gläser."

Er holte die Teller aus dem Schrank und deckte den Tisch.

„Mir gefallen deine Freunde nicht, Berni. Und deine Haare ..."

„Ja, ja, ich weiß, es sieht unmöglich aus. Sind schon wieder nachgewachsen. Heute muss ich unbedingt die Stelle rasieren."

„Mit den Haaren, das find ich ja gar nicht so schlimm, aber mir kommt es vor, als ob deine sogenannten Freunde dich in Dinge reinziehen, die du gar nicht ..."

„Quatsch. Ich mach nur das, was ich will. Du machst dir zu viele Sorgen. Außerdem lass ich mich nicht in irgendwas reinziehen."

„Die Getränke fehlen. Kannst du mal in den Keller ...?"

Berni brummte, aber ging dann doch. Als er wiederkam, hatte er zwei Wasser- und zwei Apfelsaftflaschen unterm Arm.

„Ach, übrigens", fing er an, „es gab doch noch was Erfreuliches in der Schule."

„So?"

„Ja, da hat so ein Typ Karten für ein Konzert meiner Lieblingsband verkauft. Eigentlich war alles ausverkauft, aber es gab noch eine Karte." Berni setzte sich an den Tisch. „Was ist mit Vater?"

„Ich glaube, er kommt gleich."

„Aber dann müssten wir doch vier Teller ..."

„Deine Schwester isst heute bei einer Freundin."

„Du, Mama?" Bernis Stimme bekam einen schmeichelnden Ton.

„Ja?"

„Ich hab doch vorhin von dem Konzert gesprochen. Könntest du mir nicht einen kleinen Zuschuss geben?"

„Wie teuer ist es denn?"

„Dreißig Euro."

„Dreißig Euro?"

„Das ist ein ganz normaler Preis."

„Aha." Sie seufzte. „Ich gebe dir zwanzig Euro. Schließlich hast du ja Taschengeld. Aber das bleibt unter uns. Kein Wort zu Vater."

Berni nickte und führte den Zeigefinger an seine Lippen. 5

„Kein Wort. Bleibt alles unter uns."

Ein Schlüssel drehte sich im Schloss und Herr Marek öffnete die Tür. Man hörte, wie er seine schwere Tasche absetzte, im Bad verschwand und seine Hände wusch.

Dann kam er in die Küche, brummte einen Gruß und 10 setzte sich.

Wortlos füllten sich alle auf.

„Hab dich neulich abends mit deinen Glatzköpfen gesehen", fing der Vater an.

„Wir nennen uns Schwarze Adler", sagte Berni. 15

„Was macht ihr eigentlich? Hängt ihr an den Kiosken herum oder was?"

„Wir gehen durch die Stadt und schauen, was so läuft."

„So viel Zeit möchte ich auch mal haben." 20

„Werner, nun mecker doch nicht ständig an Berni herum."

„Wir haben übrigens neulich einem kleinen Jungen geholfen, den zwei ältere Typen verprügeln wollten. Wir machen kein blödes Zeug." 25

„Aha."

Die drei aßen schweigend weiter.

„Und was soll diese Brille?", fragte Bernis Vater.

Berni wurde rot. „Ach die!", winkte er ab. „Das ist nur ein Gestell. Ein bisschen Verkleidung." 30

Die Wette

In der Nacht hatte es nach dem warmen Tag ein starkes Gewitter gegeben. Es war kalt geworden und regnete sich nun ein. Auch im Haus der Familie Schwarz hatte Robins Vater vorsorglich die Zentralheizung noch nicht abgeschaltet. In Robins Zimmer, das im Dachgeschoss lag, wurde es sowieso nie richtig kalt. Die Sonnenwärme von gestern hing noch ein wenig im Raum und das gelegentliche Tröpfeln des Regens wirkte fast einschläfernd.

Anja, John und Robin hatten es sich in seinem Zimmer gemütlich gemacht. Es war kurz nach halb drei nachmittags.

John saß auf dem Teppichboden und lehnte mit dem Rücken gegen den Schrank. Er hatte ein Geschicklichkeitsspiel in der Hand, bei dem man vier kleine Metallkugeln in vier Kuhlen rollen lassen musste, und pfiff die Melodie mit, die aus dem Lautsprecher kam.

Anja hatte sich in ein großes Knautschkissen vergraben und kritzelte auf einem Blatt herum. Robin lag auf dem Bauch und füllte Lückentexte für seine Englischhausaufgaben aus.

„Heißt das jetzt *I visited New York* oder *I have been visiting New York?*"

„Kommt drauf an", murmelte John. „Wenn dein Besuch abgeschlossen ist, heißt es *I visited,* wenn er bis jetzt andauert, *I have been.*" Er pfiff weiter und blickte dabei auf die Uhr.

„Es wäre doch Quatsch, wenn man ständig New York besucht", meinte Anja, während sie beim Zeichnen versuchte, einem Haus Perspektive zu geben, und kräftig herumradierte.

„Wieso?", fragte Robin. „Es kann doch sein, dass jemand ständig New York besucht, alle vier Wochen, aus beruflichen Gründen ..."

Niemand sagte etwas und John pfiff ungerührt weiter.

„Andererseits", fuhr Robin fort, „ist es wahrscheinlicher, dass der Besuch in der Vergangenheit abgeschlossen ist. Ich schreibe *I visited New York.*"

Er schrieb und blickte zu John hinüber. „Kannst du 5 nicht mit dieser idiotischen Pfeiferei aufhören?"

Das Pfeifen hörte auf. „Stört dich das?"

„Ja."

Als der Musiktitel zu Ende ging, hörte man, dass der Regen stärker geworden war und die Tropfen nun laut 10 gegen die Scheibe prasselten.

„Aber ich hoffe", sagte John, „auch wenn dich mein Pfeifen stört, dass du nichts Grundsätzliches gegen Ausländer hast?"

„Doch, hab ich. Besonders gegen solche, die schwarz 15 sind und pfeifen."

John wandte sich um. „Anja, hast du das gehört? Ich weiß nicht, ob es gut ist, Robin in unseren Klub aufzunehmen, bei dieser Einstellung ..."

„Ich glaube, es wäre nicht gut." Anja wiegte bedenklich 20 den Kopf hin und her.

„Finde ich auch." John nickte bedächtig.

Robin schrieb weiter und schüttelte den Kopf.

Eine Weile sprach keiner. Nur die Musik und das Regenrauschen füllten den Raum. Gelegentlich klickten die 25 Kugeln des Spiels gegeneinander.

John, der schon zum zweiten Mal auf seine Uhr sah, räusperte sich und sagte: „Tja, dieser Berni Marek ... ist schon ein seltsamer Typ ..."

„Wie kommst du darauf?", fragte Anja. 30

„Ich denke, dass ich ihm letzten Endes überlegen bin."

„Was?" Robin blickte von seinem Heft auf. „Das ist doch Unsinn, John. Er ist größer und stärker als du, und wenn du ihm allein auf der Straße begegnest, dann möchte ich nicht in deiner Haut stecken. Denk daran, dass er dich neulich abends fast geschnappt hätte. Das hast du uns jedenfalls erzählt."

„Trotzdem. Inzwischen nehme ich es mit ihm auf. Die Angst hat nämlich eine Rückseite. Wollen wir wetten?"

„Die Angst hat eine Rückseite? Was soll denn der Quatsch?"

„Wollen wir wetten, dass ich ihm überlegen bin?" John tat so, als überlegte er. „Also, ich wäre ihm doch überlegen, wenn ich ihm einen Befehl gebe, und er würde mir gehorchen, oder nicht?"

„Hm", brummte Robin, „wenn du das schaffst, bist du ihm wirklich überlegen."

„Also, zum Beispiel rufe ich ihn an, bestelle ihn hierher und gebe ihm den Befehl, dass er mir freiwillig, sagen wir mal … dreißig Euro gibt. Das wäre doch ein Beweis, dass ich ihm überlegen bin, stimmts?"

„Bist du verrückt?" Robin schüttelte den Kopf „Was ist denn das für eine abgefahrene Idee?"

„Ist doch egal. Aber nur mal angenommen, ich würde das machen, das wäre doch der Beweis, dass er mir aus der Hand frisst, oder nicht?"

„Hm", Robin überlegte. „Was meinst du dazu, Anja?"

„Ich glaube, John ist total durchgeknallt und größenwahnsinnig geworden."

John verzog seinen Mund zu einem breiten Grinsen. Dann fuhr er sich durch seine Haare, die an einer Stelle etwas dünner waren als sonst.

„Ist doch egal, ob ich durchgeknallt bin oder nicht. Aber nur mal angenommen, ich rufe also unseren Berni an, bestelle ihn hierher und er gibt mir dreißig Euro für … für eine Plastiktüte."

jemandem aus der Hand fressen
jemandem so ergeben sein, dass man alles tut, was er von einem fordert (Redensart)

Robin richtete sich auf: „Allmählich glaub ich tatsächlich ..."

„Um was würdet ihr wetten?", unterbrach John seinen Freund.

„Na gut, um dir einen Gefallen zu tun ...", sagte Robin, „ich wette um einen Kinobesuch."

„Und du, Anja?"

„Weiß nicht ... Ich finde Wetten blöd."

„Anja muss John küssen", rief Robin, „wenn sie die Wette verloren hat."

„Sag mal, bist du noch zu retten!", rief Anja ärgerlich und wurde rot.

„Klar bin ich noch zu retten."

„Und wenn ich gewonnen hab?", fragte Anja, um etwas zu sagen.

„Dann muss John dich besuchen. Los, Anja", drängte Robin, „die Wette gewinnt er doch sowieso nicht."

„Also gut. Und was muss John bei dir machen, wenn er verliert?", fragte sie und blickte ihren Cousin an.

„Er muss mir die Schuhe putzen."

„Nein", rief Anja, „das geht nicht!"

„Warum denn nicht?", meinte John achselzuckend. „Das macht mir nichts aus."

John stand auf und ging zur Tür. „Wo ist das Telefon?"

Robin fing an zu lachen. „Im Flur ist ein schnurloses ... Du musst eine Null vorwählen."

John verschwand und Robin wandte sich an Anja. „Verstehst du das?"

Anja zuckte nur mit den Schultern.

„Na ja, ich mach mal die Hausaufgaben zu Ende." Er murmelte: „I have been living in Germany since I was born ... Usually, I drink milk every morning ..."

„Wahrscheinlich Milch mit Gin", meinte Anja.

Jetzt hörten sie Johns Stimme laut im Flur: „Kann ich mal mit Bernhard sprechen? – Danke. – Hallo Berni! Wie gehts? Hier spricht John, der Afrikaner. Ich gebe dir hiermit den Befehl, dass du zu Robin Schwarz rüberkommst, in die Frankfurter Straße 32, und dass du mir dreißig Euro für eine Plastiktüte gibst. Klar? Wenn du nicht kommst, muss ich mir was schrecklich Böses ausdenken. Also, bis gleich.“

„Er hat nur geblufft“, sagte Robin leise zu Anja, „wahrscheinlich hat er ohne zu wählen in den Hörer gesprochen.“

Als John wieder zur Tür hereinkam, rieb er sich die Hände und sagte: „Hat alles geklappt. Er war zu Hause und kommt jetzt gleich rüber.“

Robin, der mit Anja einen Blick gewechselt hatte, klappte sein Englischheft zu und sagte nur: „Ich glaub, ich dreh durch. So was ist mir in meiner langen Laufbahn noch nicht passiert.“

Anja betrachtete John mit zusammengezogenen Augenbrauen und schüttelte den Kopf.

„Habt ihr irgendwo eine Plastiktüte?“, fragte John.

„In der Küche, im Besenschrank.“

John rannte die Treppen hinunter.

„Er tut so, als würde er daran glauben. Diese Afrikaner sind die reinsten Schauspieler.“

John kam wieder die Treppen hoch und blieb im Türrahmen stehen, in der Hand eine Plastiktüte. „Ich habe ein bisschen Zeitungspapier reingestopft, damit es nach was aussieht.“

Robin stand auf und kam besorgt auf John zu.

„So, und jetzt setzt du dich erst mal wieder hin. Wir wissen alle, dass dieser Überfall neulich ein ziemlicher Schock für dich gewesen ist. Aber das ist kein Grund, solche unsinnigen Wetten abzuschließen.“

Er befühlte Johns Stirn. „Könnte auch Fieber sein. Auf jeden Fall solltest du dich beruhigen und dich …"

Unten klingelte es. „Wer kann das sein?", fragte Robin.

„Natürlich Berni Marek", sagte John und grinste. „Willst du ihm nicht aufmachen?"

Kopfschüttelnd ging Robin nach unten, machte die Tür auf und stieß einen Überraschungslaut aus. „Was? Du hier?"

„Ja", hörten Anja und John Bernis Stimme, „euer Sklave hat gesagt, ich soll hier vorbeikommen, er hat eine Tüte für mich … oder stimmt das nicht?"

„Ehm … d… doch, stimmt."

John und Anja kamen langsam die Treppen herunter und sahen, wie ein nasser Berni Marek im Flur stand und sich in seiner Haut nicht wohlfühlte, und nicht nur wegen des Regens. Man spürte förmlich, dass er die Sache möglichst schnell hinter sich bringen wollte. Die schwarze Lederjacke glänzte und die schwarze Hornbrille war seltsamerweise völlig klar. Kein einziger Regentropfen war auf ihr zu sehen.

„Ach, da bist du ja", sagte John. Er schwenkte die Plastiktüte. „Hier ist sie. Wie wir abgemacht haben. Aber zuerst will ich das Geld sehen."

Robin und Anja blickten sich mit offenem Mund an.

Berni, dessen halb zugewachsene Mittelglatze durch die nassen Haare teilweise verdeckt wurde und neben dessen Schuhen sich zwei Pfützen bildeten, wühlte in den Taschen und hielt ihm zwei feuchte, zerknüllte Geldscheine hin. „Hier ist das Geld."

„Und hier ist die Tüte."

Berni riss John die Tüte aus der Hand und untersuchte genau den Inhalt. Dann nickte er, drehte sich um und sagte wegwerfend: „Also dann, Sklave!", und wollte gehen.

„Übrigens", sagte John, „du redest mich schon wieder mit dem falschen Vornamen an, ich heiße John!"

Berni blickte ihn zweifelnd an, dann lief er wortlos über die Platten durch den Regen davon und ließ die drei zurück.

John pfiff wieder eine Melodie und ging nach oben in Robins Zimmer.

„Verstehst du das?", flüsterte Robin Anja zu und schloss die Tür.

„Wenn ich nicht alles selber erlebt hätte, würde ich es nicht glauben. Mir kommt es vor, als ob wir in einem Film mitspielen."

„Mist! Das bedeutet einen Kinobesuch für mich und einen Kuss ..."

„Ich weiß schon. Aber wann das stattfinden soll, darüber haben wir nichts gesagt."

Sie gingen nach oben, hörten, dass John eine neue CD aufgelegt hatte, und fanden ihn, wie er auf Robins Bett lag und lachte, bis ihm die Tränen kamen.

„Ihr hättet eure Gesichter vorhin sehen sollen", brachte John zwischen zwei Lachanfällen heraus. „Zum Schreien. Beide mit ... mit offenem Mund wie zwei Idioten."

Johns Lachen war so ansteckend, dass Anja und Robin schließlich mitlachen mussten, ob sie wollten oder nicht.

Nachdem sie sich einigermaßen beruhigt hatten, sagte Robin energisch: „So, und jetzt erzähl mal, wie du das gemacht hast. Da war doch irgendein Trick dabei."

„Wieso?" John tat ganz unschuldig. „Ich bin ihm eben einfach überlegen. Er hat Angst vor mir. Ich hab ihn angerufen, er ist gekommen und hat ..."

„He!" Robin warf sich auf John. „Red keinen Unsinn. Also: Wie hast du das gemacht?"

„Na gut, ich erzähls euch. Es hat nämlich etwas mit meiner Großmutter zu tun."

Glühende Kohlen auf dem Kopf

„Deine Großmutter?", fragte Anja. „Was hat denn deine Großmutter mit Berni Marek zu tun? Lebt die denn auch in Deutschland?"

„Nein, sie lebt in Ghana und ist uralt."

„Und woher kennt sie dann Berni Marek?"

John lachte wieder los. „Natürlich kennt sie unseren lieben Berni nicht, aber ich habe etwas von ihr gelernt."

„Aha", nickte Robin, „dann sags endlich und lass dir nicht alles aus der Nase ziehen!"

John setzte sich im Schneidersitz auf den Boden und fing an: „Also ... meine Großmutter ist ziemlich schlau. Ich meine nicht, dass sie viel in die Schule gegangen ist oder studiert hat, aber sie hat manchmal geniale Ideen. Sie weiß zum Beispiel, wie man sich Stechmücken vom Leib hält oder wie man Leute müde machen kann, dass sie vor einem einschlafen, und vor allen Dingen weiß sie, wie man mit Feinden umgeht und sie besiegt, ohne dass man ihnen eine reinhaut."

„Ja", fragte Robin, „und wie geht das?"

„Meine Großmutter nennt diesen Trick Glühende-Kohlen-auf-den-Kopf-des-Feindes-Schütten."

„Wie bitte?" Anjas Augen wurden groß. „Das tut doch ganz schön weh!"

John verdrehte mit gespielter Verzweiflung die Augen nach oben. „Ich meine doch keine richtigen Kohlen, das ist eine Art Vergleich. Man tut etwas und dem anderen kommt es so vor, als ob er glühende Kohlen auf dem Kopf hat."

„Verstehe", nickte Robin, „so ähnlich, wie wenn wir sagen: Dem müsste man mal Feuer unterm Hintern machen."

„Ja, so ähnlich. Als wir sie das letzte Mal besuchten, sagte sie mir: ‚Wenn dein Feind zu stark ist, dann versuche nicht, ihn mit Muskelkraft zu bekämpfen, sonst verlierst du. Du musst ihn verwirren und genau das Gegenteil von dem tun, was er erwartet. Er erwartet Hass und Kampf, aber du musst ihm etwas geben, was er sich schon lange wünscht. Das verblüfft ihn und seine ganze Welt kommt durcheinander. Es ist, als ob du glühende Kohlen auf seinen Kopf schüttest. Es wird in seinem Kopf ganz heiß und er verliert das Interesse, dein Feind zu sein ...'

So ähnlich hat sie mir das erklärt. Und mir fiel das neulich nach unserem Kampf und der Verfolgungsjagd wieder ein. Ihr habt es nicht bemerkt, aber bei dem kurzen Kampf ist etwas auf den Boden gefallen ..."

„Klar, sein Messer."

„Ja, aber auch eine Kassette. Sie fiel direkt vor meine Füße und ich hab sie ohne nachzudenken aufgehoben und sie mir dann zu Hause angehört. Die Band heißt Rechtskurve und ... na ja, die Texte sind mies und gemein. Aber dann fiel mir ein: Das dürfte Bernis Lieblingsband sein. Und wenn ich ihn total verwirren will, dann müsste ich etwas tun, womit er überhaupt nicht rechnet. Ich besorgte ihm also eine Karte zum Konzert seiner Band. Damit rechnete er nicht. Versteht ihr, die Angst hat eine Rückseite. Man muss sie nur umdrehen."

„Du hast ihm eine Karte ...?"

„Ja. Meine Tante hat Beziehungen zum Kartenvorverkauf und hat mir eine besorgt."

Die anderen wollten auf John einstürmen, aber er hob die Hand und fuhr fort: „Ich bin natürlich nicht zu ihm hingegangen, sondern hab mich bei seiner Schule hingestellt, wo er vorbeikommen musste ... und so kam eins zum anderen. Ich hab ganz schön gezittert, aber es klappte. Ich hab ihm gesagt: Wenn du Interesse hast, komm morgen gegen drei bei Robin vorbei ..."

„Also doch!"

„Was: also doch?"

„Der Telefonanruf vorhin war gespielt."

„Klar. Ich wusste ja, dass er kommen würde."

„Aber was sollte dann noch die Tüte?", fragte Anja, die sich immer mehr über John wunderte.

„Zufällig kam mir noch eine Idee, wie ich ihn kriegen könnte. Ihr erinnert euch, er wollte doch Haare von mir ..."

„Klar."

„Ich hab sie ihm für fünf Euro im Päckchen angeboten. Keine Ahnung, wozu er die Haare braucht."

„Hm", überlegte Robin, „ich vermute mal, dass er eine Mutprobe machen musste. Er sollte dir heimlich ..."

„Quatsch", unterbrach Anja ihren Cousin, „die Haare sollten wahrscheinlich der Beweis sein, dass er sich getrauen würde, John zusammenzuschlagen. So eine Art Trophäe ... Vielleicht ist er doch noch nicht ganz Mitglied der Schwarzen Adler, wer weiß ...?"

Trophäe
Beute als Zeichen des Sieges oder der Unterwerfung eines Feindes

„Praktisch so, wie bei den Indianern der Skalp, den sie sich an die Gürtel gehängt haben ...", überlegte Robin laut.

„Das ist gut", grinste John.

Skalp
bei den Indianern die abgezogene Kopfhaut des getöteten Gegners als Siegeszeichen

„Was ist daran gut?" Robin runzelte die Stirn.

„Ist doch klar. Wenn er die Haare schon hat, muss er mich nicht mehr zusammenschlagen!"

„Hm. Hoffentlich", brummte Robin. „Aber deine Bemerkung, dass er dich nicht mit Sklave anreden soll, finde ich ziemlich gewagt. Diese Typen mögen nicht, wenn man sie kritisiert."

„Das war reine Angabe. Ich wollte eben noch eins draufsetzen!"

Einen Augenblick lang war es in Robins Zimmer ruhig und die drei merkten, dass der heftige Regen aufgehört hatte.

Anja stand auf, kletterte auf das Bett, kippte das Fenster nach oben und sah hinaus. Unten fuhr ein blauer Lieferwagen vorbei und ein Junge warf Steine in eine Pfütze. Eine Brise frischer Luft strömte ins Zimmer.

Anja drehte sich um und fragte: „Und was machen wir, wenn das alles nichts nützt und Berni so sauer auf John ist, dass er ihn doch noch zusammenschlägt?"

„Weiß ich auch nicht", antwortete Robin achselzuckend. „Aber du hast recht, wir müssen damit rechnen und können uns nicht auf Johns Großmutter verlassen."

„Das Einzige, was mir einfällt, ist Mitgliederwerbung", sagte Anja. „Wir müssen einfach mehr Leute für unseren Klub gewinnen. Wenn mehr mitmachen, dann sind auch mehr da, die eingreifen, wenn es zu einer Schlägerei kommt."

„Ach, ihr macht euch viel zu viel Gedanken über mich", sagte John und griff wieder zu dem Geschicklichkeitsspiel. „Erst mal abwarten, was passiert. Übrigens, ich habe ja jetzt etwas Geld durch meine Haare verdient, ich könnte euch ein Eis spendieren ..."

„Bei der Kälte?" Anja lehnte sich hinaus und machte das Fenster wieder zu.

„Dann eben Hamburger und Pommes ..."

„Übrigens", sagte Robin, „da fällt mir ein, du hast ja die Wette gewonnen. Es war zwar ein Trick, aber immerhin ... einen Kinobesuch hast du gut und einen Kuss ..."

John wusste nicht so recht, wie er reagieren sollte: „Na ja, das war nicht meine Idee. Ich weiß nicht, ob Anja das recht ist und außerdem ..."

„Es wird ihr schon recht sein", sagte Robin. „Oder täusche ich mich, liebe Anja?"

„Ist schön, dass ich auch noch gefragt werde", sagte sie, stieg vom Bett herunter und ließ sich in das riesige

Knautschkissen fallen. „Wir brauchen die Sache ja nicht überstürzen ..."

„Stimmt", nickte Robin, „es reicht ja noch, wenn ihr euch in zwölf Jahren küsst ..."

Niemand ging darauf ein und John sagte schnell: „Wir müssen unbedingt eine erste offizielle Klubsitzung durchführen."

„Genau", bestätigte Robin, „ich schlage vor: morgen um die gleiche Zeit. Bei schönem Wetter wieder auf dem Hochstand."

Zwischen allen Stühlen

Also, ich sag euch, ich ... ich hab ihn echt fertiggemacht."

„Super, Marek!", rief Köhler, der Anführer der Schwarzen Adler. „Dann lass mal die Haare sehen."

Berni Marek nahm seine Tasche, griff nach einer kleinen Plastiktüte und reichte sie Köhler mit einem Lächeln hinüber. Der holte die Haare heraus und prüfte sie genau. Dann reichte er sie Schiena weiter, der daran roch und ausrief: „Stinkt ja entsetzlich. Typisch Ausländer."

Angewidert gab er Bernis Trophäe Baumann weiter, der vielsagend nickte und in sich hineingrinste.

Die vier saßen in Berni Mareks Kellerraum. Sie hatten diesmal nicht Bier, sondern eine Flasche Wodka dabei, die ab und zu die Runde machte. Seit es regnete, war es hier unten noch kühler und ungemütlicher geworden, trotz des kleinen Heizofens. Berni hatte das Kellerfenster gekippt, weil es schon die ganze Zeit so muffig roch.

„Du hast ihn also fertiggemacht, Marek, was? Wie hast du ihn fertiggemacht? Erzähl mal, wir sind echt neugierig ...!"

Köhler reichte Berni die Wodkaflasche, aus der Berni einen winzigen Schluck nahm, den Mund verzog, die Flüssigkeit mit Todesverachtung hinunterwürgte und sie Schiena weitergab.

„Also, wie gesagt, ich habe den Nigger in einer ... einer Seitenstraße abgepasst, als er allein war ... Obwohl, ich hätte ihn natürlich auch zusammengeschlagen, wenn er ... wenn seine Freunde dabei gewesen wären ..."

„Klar", nickte Köhler, „das wissen wir. Und weiter?"

„He, Nigger, hab ich gerufen, bleib mal stehen. Ich will dich mal in Ruhe anschauen."

„Das hast du also gerufen?", fragte Baumann und strich sich über seine Haare.

„Na ja, so ungefähr jedenfalls. Er blieb stehen und selbst seine schwarze Haut wurde ein bisschen blasser."

„Wahnsinn!"

„Ich hab ihn dann", fuhr Berni fort, „noch ein bisschen zappeln lassen, über das Wetter gefaselt, über das herzliche Verhältnis zwischen Ausländern und Deutschen, und als er anfing, lockerer zu werden, habe ich zugeschlagen."

„Ja, das muss Spaß machen!", bestätigte Schiena. „Jemandem eins so richtig auf die Nase hauen, dass es knirscht."

„Wie bei deiner Nase, damals, was?" Baumann lachte und haute sich auf die Schenkel. „Wums, und unser Freund Geradenase wurde zur Schiefnase."

„Ruhe!", brüllte Köhler. „Marek soll weitererzählen."

„Na ja", fuhr Berni fort, „er stand also vor mir mit zitternden Knien und grauer Hautfarbe. Ich hab ihm eine auf sein Kinn verpasst, denn die Nase bei diesen Typen ist ja schon ziemlich platt."

„Gut beobachtet, Marek."

„Als er zu Boden ging und nicht gleich wieder hochkam, hab ich mein Messer rausgeholt und ihm eine ziemlich große Strähne abgeschnitten. Er kam dann wieder zu sich, rappelte sich auf und wankte auf mich zu. Und ich hab ihm das Gesicht blutig geschlagen. Und was meint ihr, was aus seiner Nase kam? Echtes, rotes Negerblut!" Berni machte eine wirkungsvolle Pause und sagte zum Schluss: „Tja, das wars, Jungs."

„Gut gemacht, Marek. Du hast dir zwar Zeit gelassen mit deiner Aktion, aber ... immerhin ..." Köhler räusperte sich: „Damit, verehrte Schwarze Adler, befürworte ich die Aufnahme von Bernhard Marek in unseren Bund. Hat irgendjemand etwas daran auszusetzen?"

„Ja, ich", meldete sich Baumann.

„Du?" Köhler war ehrlich verblüfft, damit hatte er nicht gerechnet. Schiena runzelte die Stirn und Berni zwinkerte nervös mit den Augen.

„Ja, ich hab was dagegen."

„Und was?", fragte Köhler zurück.

„Ich glaub kein Wort von dem, was er uns erzählt hat."

„Spinnst du?" Köhler zeigte ihm die Haare. „Hast du das vergessen?"

Baumann winkte ab: „Ach, die Haare. Ich sag euch was: Marek hat uns reingelegt und den Schwarzen gar nicht zusammengeschlagen. Er hat ihm die Haare abgekauft. So siehts nämlich aus!"

Die Worte wirkten wie eine Bombe.

„Bist du völlig durchgedreht, Baumann?" Köhler stand auf. „Wie kommst du auf so einen Blödsinn?"

„Ja", wiederholte Schiena die Frage, „wie kommst du auf so einen Blödsinn?"

Baumann blickte schnell zu Berni hinüber, der langsam einen roten Kopf bekam, und sagte: „Ganz ruhig, Leute. Wie ich darauf komme? Ziemlich einfach: Ich hab die beiden zusammen gesehen. Der Nigger hat ihm 'ne Karte von seiner Lieblingsband verkauft und als Zugabe für fünf Euro seine Haare."

Köhler drehte sich zu Berni herum. „Stimmt das, Marek?"

„Ja, also … ich … ich", stotterte er, „… ich weiß gar nicht, wie Baumann dazu kommt …"

„Mann, ich hab euch gesehen und gehört. Ich hab hinter einer Säule gestanden."

„Okay." Köhler hatte sich beruhigt und wandte sich an Berni. „Marek, ich frage dich, hast du den Schwarzen zusammengeschlagen oder nicht?"

„Ja, es war so, ich …"

„Hast du ihn zusammengeschlagen? Ja oder nein."

„Na ja, wenn du so direkt fragst", druckste Berni herum, „nein. Ich hab ihn nicht … Aber es … es ging ja um die Haare. Ich sollte die Haare herbeischaffen. Ich hab eben meine eigenen Methoden …"

„Red dich nicht raus, Marek. Die Haare waren doch nur der Beweis, dass du ihn zusammengeschlagen hast. Also, ich fasse es nicht! Du hast mit dem Typen verhandelt und ihm die Haare auch noch abgekauft? Stimmt das?"

Berni holte Luft, dann sank er in sich zusammen und murmelte: „Ja, ich hab sie ihm abgekauft. Ich bin eben nicht der Typ, der …"

„Schon gut, Marek. Ich verstehe, du bist nicht der Typ, der Stärke zeigt, sondern unseren Feinden noch die Schuhe ableckt. Ist schon klar."

Köhler nickte bedeutsam, dann sagte er: „Tja, Männer. Ich glaube, wir schicken Marek mal kurz vor die Tür und beraten, was zu tun ist. Ob er jetzt überhaupt noch Mitglied werden kann, ist fraglich. Wenn überhaupt, dann nur mit einer empfindlichen Strafe."

Er blickte Marek an und sagte: „Ich denke, du hast verstanden. Also, verzieh dich mal kurz."

„Ich soll ...?"

„Vor die Tür. Ja."

Berni erhob sich schwerfällig, ging, ohne die anderen drei anzublicken, aus dem Raum. Als er die Tür zugemacht hatte, lief er die Kellertreppen hinauf, schlich um das Haus und ging zu einem Kellerfenster, das nur angelehnt war. Vorsichtig beugte er sich vor, um das Gespräch mitzukriegen.

„Schiena", flüsterte Köhler, „mach mal kurz die Tür auf, um zu sehen, ob er mithört."

Berni hörte etwas knirschen, dann wurde die Tür ruckartig aufgestoßen.

„Er hat sich verzogen."

„Gut. Was haltet ihr von dem Weichei?"

Berni hörte, wie sich Baumann räusperte: „Der Kerl ist für mich erledigt. Verhandlungen mit dem Feind, nicht in der Lage zuzuschlagen, aber eine große Klappe. Der ist für mich unten durch."

„Und du, Schiena?", fragte Köhler.

„Da gibts nicht viel zu sagen. Ein feiger Typ, der die Schwarzen Adler nur ... blamiert. Gut, die Sache mit der Gitarre neulich war nicht schlecht, aber ..."

„Tja", hörte Berni Köhlers Stimme, und es klang so, als ob er sich schwere Gedanken machte. „Gut, ich stimme euch zu: Er hat seine Chance verpasst. Außer wir denken uns eine Strafe aus ... Wenn er einwilligt, könnte er eine Probezeit ..."

„Ja!", rief Baumann, „eine schöne Strafe! Und, ganz unter uns", Baumann sprach leiser weiter, „wir lassen ihn die Strafe machen, aber er muss noch eine Zeit lang zappeln, bevor er Mitglied werden kann. Vielleicht wird ers aber auch nie. Aber wir können ihn verwenden für irgendwelche Arbeiten. Einen Sklaven braucht man immer ..."

„Schon gut, Baumann. Das Nähere kannst du mir über-
lassen. Ich werde ...“

Berni hatte genug gehört. Er kam leise aus seiner ge-
bückten Stellung hoch und schlenderte zum Kellereingang
zurück. Jetzt sollte er für diese Typen auch noch arbeiten,
und dann war nicht einmal sicher, ob er überhaupt je auf-
genommen wurde.

Während er die Kellertreppe hinunterging, fiel ihm
plötzlich die Szene im Wald ein, wo er John, Anja und
Robin, seine Feinde, belauscht hatte. Damals war es ihm
nicht aufgefallen, aber jetzt merkte er plötzlich, wie anders die drei miteinander umgegangen waren. Die mussten
nicht ständig überlegen, ob das, was sie sagten, auch bei
den anderen ankam ... Man konnte sauer sein und musste
sich nicht verstellen.

Und wenn er nun ausstieg? Die Schwarzen Adler gefielen ihm immer weniger. Aber wenn er ausstieg, was würden sie dann mit ihm machen? Vielleicht zusammenschlagen? Und allein gegen drei? Keine Chance.

Berni seufzte. Er war unten im Kellergang angekommen. Die Tür wurde aufgerissen und Schienas Kopf erschien.

„Du kannst wieder reinkommen.“

Berni trat ein.

„Setz dich, Marek“, befahl Köhler.

Berni setzte sich.

„Wir haben ausführlich über deinen Fall beraten und
sind zu folgendem Schluss gekommen: Du hast eigentlich
deine Mitgliedschaft verwirkt. Aber ... es gibt für dich eine
letzte Chance. Damit wir sehen, ob du bereit bist, dich ein-
zusetzen, wirst du vier Wochen lang ohne zu murren alle
Arbeiten erledigen, die wir dir auftragen, klar?“

„Was für Arbeiten?“, fragte Berni zurück.

Köhler zuckte mit den Schultern. „Was weiß ich? Das kann alles Mögliche sein: Schuhe putzen, Fahrräder reparieren, Sachen für uns klauen ...“

„Muss ich mich gleich entscheiden?“

„Hm“, meinte Köhler. „Okay, ich gebe dir einen Tag.“ Er ₅ stand auf. „Die Sitzung der Schwarzen Adler ist geschlossen.“

Während die anderen nach draußen gingen, dachte Berni: „Toll, jetzt sitze ich zwischen allen Stühlen.“

Anjas merkwürdige Strafe   ₁₀

„Hiermit eröffne ich die erste Sitzung von G.R.I.P.S.“

John, Robin und Anja saßen auf dem Hochstand, hatten jeder ein Schreibheft auf den Knien liegen und schauten sich mit einer Mischung aus Feierlichkeit und Spott an. Im Rucksack auf dem Fußboden aus Fichtenbrettern waren ₁₅ drei noch warme Baguettestangen, belegt mit Schinken und Käse. Nach dem Regen gestern hatte sich die Schlechtwetterfront verzogen, ein blauer Himmel hing über dem Waldrand und die Sonne wärmte ihre Rücken. Für März war es ziemlich warm.   ₂₀

Baguette französisches Stangenweißbrot

„Folgende Punkte habe ich auf meiner Tagesordnung stehen“, sagte Robin mit beinahe amtlicher Stimme. „Erstens: Zeitpunkt und Häufigkeit der Treffen. Zweitens: ein noch zu bestimmendes Projekt ...“

Anja grinste: „Mensch, Robin, verknote deine Zunge ₂₅ nicht.“

Robin warf einen strafenden Blick in Anjas Richtung.

„Ich bitte die Mitglieder, besonders die Damen, mich jetzt nicht zu unterbrechen. Danke.“

Aber das war nun doch ein bisschen übertrieben und alle drei mussten lachen.

„Und drittens ...", fuhr Robin fort ...

„Und drittens sollten wir die Baguettes essen, bevor sie ganz kalt werden", rief John aufgeregt und stand auf.

Robin seufzte, packte die duftenden Brote aus und verteilte sie.

Die Mitglieder konnten mit vollem Mund nicht sprechen und so hörte man einige Minuten lang nur das Krachen des aufgebackenen Brotes.

Robin war als Erster fertig und wollte nun endlich seinen dritten Punkt anbringen.

„Und drittens", sagte er und blickte dabei John kurz an, der den Blick erwiderte, „liegt ein schweres Vergehen vor, das ausgerechnet ein Mitglied der neu gegründeten Gruppe G.R.I.P.S. begangen haben soll."

Anja schaute fragend hoch. „Was sagst du da?"

Robin ging nicht darauf ein: „Der vierte Punkt heißt Verschiedenes. Hat irgendjemand dazu etwas zu sagen?"

Stille.

„Also keiner."

Anja meldete sich.

„Ja?"

„Wir brauchen noch einen Protokollführer, der alles genau aufschreibt, was wir beraten haben. Ich schlage John vor."

John schüttelte den Kopf und sagte mit vollem Mund: „Geht nicht. Ich bin doch Kassierer."

„Hast du denn schon Geld eingenommen?"

„Nöö."

„Na, dann hast du ja noch gar nichts zu tun!"

John brummte. „Aber ich kann das nicht so gut."

Robin räusperte sich: „Ich schlage für heute Anja vor."

„Na gut", nickte Anja, „aber, was ich noch fragen wollte: Was soll denn das mit dem schweren Vergehen ...?"

„Tut mir leid", unterbrach sie Robin, „alles der Reihe nach."

„Gut", sagte Anja, „dann hab ich noch was für Verschiedenes." – „Ja?"

„Ich finde die Wörter hinter unserem Klubnamen, also: Gegen Rassismus in Politik und Schule, noch nicht so ideal. Klingt irgendwie zu übertrieben."

„Hm. Na ja, ich habs notiert. Also, erstens: Zeitpunkt und Häufigkeit der Treffen. Ich bitte die versammelten Mitglieder um Vorschläge."

„Ich schlage überhaupt nichts vor, wenn du weiter so bescheuert daherredest", sagte Anja und schob sich den letzten Bissen Baguette in den Mund.

„Da die Ideen noch nicht so sprudeln", sagte Robin, „schlage ich vor, dass wir Punkt drei der Tagesordnung, schweres Vergehen, vorziehen, da dieser Punkt im Augenblick sehr gefragt ist. Wer stimmt dafür?"

John und Robin hoben die Hand.

„Ich sehe, das ist die Mehrheit. Also, Punkt drei: schweres Vergehen eines Mitglieds des Klubs."

Anja sagte nichts, sondern tippte sich nur an die Stirn.

Robin fuhr fort: „Zufällig beobachtete ich, wie Anja, eines der neuen Mitglieder des Klubs, bei einer Schlägerei zwischen zwei sechsjährigen Jungen nicht sofort eingegriffen hat. Das ist ein grobes Vergehen. Und ich frage die Angeklagte ..."

Anja sprang wütend auf, wobei der Hochstand bedenklich schwankte. „Sag mal, bist du völlig durchgedreht, Robin? Was soll dieser Schwachsinn?"

Robin aber blieb ganz ruhig und fragte: „Stimmt das?"

Anja setzte sich und antwortete widerwillig: „Ja, kann

schon sein. Gestern kam ich am Spielplatz vorbei, und da haben zwei Jungs einen Ringkampf gemacht. Ich hab zwar überlegt, ob ich eingreifen soll, aber es sah mehr nach einem Spiel aus. Außerdem, was ist bloß mit euch los? Ich lasse mich hier nicht verurteilen. Wenn der Klub so läuft, dann können wir gleich einpacken!"

Sie ging wütend zur Leiter und wollte den Hochstand verlassen.

„Ich bitte den Kassierer, das beschuldigte Mitglied so lange festzuhalten, bis das Urteil gesprochen ist", sagte Robin rasch.

John griff blitzschnell nach Anja und hielt sie fest.

Es gab einen kurzen Kampf, aber er war stärker und packte Anjas Arme mit eisernem Griff.

Anja zog und zerrte und trat mit den Füßen nach hinten. Der Hochstand schwankte noch mehr, aber John lachte nur.

Mitten in diesen Lärm rief Robin: „Bevor der Hochstand ganz zusammenkracht, möchte ich schnell zur Verurteilung kommen. Da die Beschuldigte ihre Verfehlung zugegeben hat, verurteile ich sie dazu, uns mindestens einmal im Monat zu besuchen, um an den Beratungen von G.R.I.P.S. teilzunehmen. Das Fahrgeld wird auf alle drei Mitglieder umgelegt!"

John ließ Anja lachend los. Sie stand da und rieb sich die Unterarme. „Also, dieser Kassierer hat ganz schöne Kräfte, Herr Vorsitzender. Man sollte ihn einem Schlägertrupp empfehlen."

Sie atmete kräftig aus. „Die Überraschung ist euch gelungen. Ich war wirklich sauer auf euch und dachte schon, dass ihr den Verstand verloren habt."

Sie ließ sich wieder auf die schmale Bank nieder.

Zunächst schwiegen alle. Schließlich fragte Robin: „Was hältst du von dem Urteil, Anja?"

„Ich nehme es gerne an." Sie wischte eine Haarsträhne zurück, die ihr ins Gesicht gefallen war, und sagte: „Das macht mir das Abschiednehmen etwas leichter. Freitag wäre für unsere Treffen am besten. Ich könnte dann gleich nach dem Mittagessen losfahren und wäre am Nachmittag bei euch und am ganzen Wochenende."

„Und wenn wir uns alle vierzehn Tage treffen", überlegte John laut, „dann fehlst du nur die halbe Zeit."

„Also, ich schreibe das mal auf", meinte Anja, „wenn Robin auch einverstanden ist."

Robin nickte: „Klar, warum nicht? Dann haben wir als nächsten Punkt das erste Projekt zu besprechen. Also: Was könnten wir tun? Welche Aktion könnten wir starten?"

Nach einer Minute Schweigen und Grübeln sagte Anja: „Ich hab in der Zeitung gelesen, dass es eine große Unterschriftenaktion gibt, um Kindern zu helfen, die Aids haben. Da könnten wir uns beteiligen."

„Hm", meinte Robin, „dann würden wir uns nur an eine Sache ranhängen und nichts Eigenes machen ... Besser wäre es, wenn wir selbst was tun könnten ... Aber ich weiß auch nicht, was das sein könnte ..."

„Vielleicht Flugblätter verteilen?", schlug John vor.

„Wie meinst du das?"

„Wir könnten die Leute darüber informieren, wie viele Ausländer es zum Beispiel in unserer Stadt gibt, und dann könnten wir gleichzeitig unseren neuen Klub vorstellen. Ich weiß, das ist nichts Neues ..."

„Tja", murmelte Robin nicht gerade begeistert.

„Oder", überlegte Anja, „wir ... wir ... könnten ...", dann stockte sie, „nein ... ist doch nichts."

Die drei überlegten weiter.

„He!" In Robins Stimme kam plötzlich eine neue Lebhaftigkeit. „Da fällt mir eine Aktion ein, von der ich neulich gehört habe. Die ist absolut stark. Man geht mit einer Gruppe in die Fußgängerzone. Ein ausländisch aussehender Typ, der vorher eingeweiht ist, wird zum Schein zusammengeschlagen, es fließt Ketchup-Blut. Was haltet ihr davon?"

„Tja", meinte John nachdenklich, „dieser ausländisch aussehende Typ bin dann wahrscheinlich ich und Robin müsste mich angreifen ..."

„Na ja, ich schlag natürlich nicht richtig zu, sondern tu nur so, und du könntest dir dann heimlich Ketchup ins Gesicht schmieren."

„Und was soll der Quatsch?", fragte Anja.

„Das ist eine Art Test. Es geht darum, ob die Leute John helfen oder nur unbeteiligt weitergehen oder blöd rumstehen. Wenn ich es schaffe, John zusammenzuschlagen, und keiner greift ein, verteilt Anja hinterher kleine Zettel. Darauf steht in dicken Buchstaben ‚Armutszeugnisse' und auf der Rückseite könnten wir unseren Klub vorstellen ..."

Robin schwieg.

„Eine irre Idee", sagte John.

„Finde ich auch", stimmte Anja zu. „So was behält man. Aber reiß dich zusammen, Robin. Nicht dass dein Eifer mit dir durchgeht ..."

„Ist ja rührend, wie du dich um John sorgst", grinste Robin.

„Ich mein ja nur ... Ach, du verstehst alles falsch", sagte Anja schnell.

„Wenn wir dafür sind", fuhr John fort, „müssen wir nur den Zeitpunkt überlegen. Und einer muss diese Zettel herstellen."

„Das könnte ich mit unserem PC machen", sagte Robin. „Da ist ein nettes Zeichenprogramm drin. Ich glaube, es gibt sogar eine Schrift für Urkunden ..."

„Am besten, wir machen das, wenn ich euch das nächste Mal besuche", schlug Anja vor. „Da ist es auch noch wärmer und es sind mehr Leute in der Fußgängerzone."

„Leuchtet ein", nickte Robin.

„Der nächste Punkt", sagte John.

„Okay, als letzter Punkt steht hier: neue Wörter, die für G.R.I.P.S. stehen."

„Ja", fuhr Anja fort, „wie gesagt, ich finde Gegen Rassismus in Politik und Schule klingt zu ... hochgestochen. Wie findet ihr: Gegen Rassismus, für internationale Partnerschaft?"

„Tja", sagte Robin, „ich weiß nicht. Irgendwie klingt auch Rassismus noch zu hochgestochen. Da finde ich: Grobe Rohlinge importieren Polizeischutz origineller ..."

„Ach, Robin! Jetzt mal im Ernst."

„Wie wärs mit: Gruppe für internationale Partnerschaft?", rief John.

„Aber das kommt nicht hin, das würde GFIPS heißen. Das *für* passt nicht."

„Das lässt man weg", schlug John vor, „das GR kommt von Gruppe, das I kommt von international und PS von Partnerschaft."

„Find ich gar nicht schlecht", sagte Anja. „Und außerdem: Wir brauchen das ja nicht heute zu entscheiden, oder?"

„Stimmt", nickte Robin. „Hauptsache, wir haben die Wörter, wenn unsere Fußgängeraktion startet. Das reicht dann immer noch." Man merkte ihm die Erleichterung an, dass die Entscheidung aufgeschoben war. „Also, dann schließen wir unsere erste Sitzung."

Anja schaute auf die Uhr. „Übrigens, es ist jetzt halb vier. Mein Zug fährt um halb fünf. Wie lange brauchen wir von euch zum Bahnhof?"

„Na, so eine Viertelstunde."

„Dann müssen wir dringend zurück."

Der Vorteil einer dunklen Haut

Nachdem die drei im Eiltempo zurückgeradelt waren und Anjas Reisetaschen geschnappt hatten, kamen sie sogar zehn Minuten zu früh am Bahnhof an. Unterwegs redeten sie nicht viel. Jeder hing seinen Gedanken nach.

Der Himmel war inzwischen wieder leicht bedeckt und hielt die Frühlingshitze zwischen den Häusern, sodass man bei der kleinsten Bewegung schon schwitzte.

Der Bahnsteig quoll fast über von Leuten. Sonntagnachmittag war viel los.

„Wie lange fährst du, Anja?", fragte John.

„Dreieinhalb Stunden."

„Ganz schön lange, ich würde an deiner Stelle …", aber weiter kam John nicht, denn Robin stieß ihn an und flüsterte: „Schau mal, wer da drüben steht."

„Wo?"

„Neben dem Plakat."

John blinzelte gegen das diffuse Licht. Doch alles, was er sah, war eine ältere Frau, die auf jemanden wartete, ein Mann mit einer Wollmütze und zwei Kinder, die auf einer Tasche saßen und Comics lasen.

diffus zerstreut, ohne genaue Abgrenzung, verschwommen

„Ich weiß nicht, was du meinst, ich kenne niemand, der …" Dann stockte er und und pfiff leise durch die Zähne.

„Ich werd verrückt", sagte er.

Auch Anja, die aufmerksam zu dem Plakat hinübergeblickt hatte, staunte nicht schlecht. Da stand doch tatsächlich Berni Marek.

Aber er hatte sich verändert! Die Hornbrille fehlte, er trug keine schwarze Lederjacke mehr und seine Haare waren mit einer runden Wollmütze bedeckt, die er sich tief in die Stirn gezogen hatte.

„Berni Marek!", sagte John erstaunt. „Also den hätte ich nicht gleich erkannt. Hat sich ja total verändert."

„Hm", meinte Anja, „könnte ein Trick sein, um nicht gleich aufzufallen."

„Oder er hat mit den Schwarzen Adlern Schluss gemacht", vermutete Robin.

„Ich weiß nicht, so schnell löst man sich doch nicht aus einer festen Gruppe", meinte John.

„Außer, wenn man von den Typen die Schnauze voll hat", sagte Robin.

„Sollen wir uns solange verstecken?", fragte Anja vorsichtig.

„Quatsch. Hier sind so viele Leute. Er kann sich nicht erlauben, uns anzugreifen", überlegte Robin. „Und außerdem, wo ist dein Kampfgeist geblieben, Anja? Neulich, beim Hochstand, als Berni uns angreifen wollte, warst du kämpferischer."

„Da war ich auch richtig wütend."

„Bisher haben wir noch nicht unseren Fußgängerzonentest gemacht." Auch Johns Stimme war unsicher geworden. „Wir wissen ja nicht, ob uns irgendwer helfen würde, wenn er ..."

Die anderen sagten nichts und versuchten krampfhaft, in eine andere Richtung zu blicken. Bloß nicht auffallen. Aber aus den Augenwinkeln nahmen sie die Gestalt mit der Wollmütze doch wahr.

„He! Er hat uns gesehen", flüsterte Anja. „Er kommt rüber."

Tatsächlich schien Berni die drei gesehen zu haben. Er verließ die Plakatwand und schlenderte in Richtung G.R.I.P.S.

„Also, ich geh in Kampfstellung. Man weiß nie, was diese Typen vorhaben." John ballte seine Fäuste und spannte die Muskeln an.

Jetzt war Berni Marek nur noch zehn Schritte entfernt und kam immer näher.

„Was will der nur von uns?", presste Robin zwischen den Zähnen hervor.

Fünf Schritte.

Keiner sagte mehr ein Wort.

Drei Schritte.

Dann blieb Berni Marek stehen, blickte die drei an und sagte: „Hallo John." Dann ging er weiter.

Ein paar Sekunden lang waren die drei sprachlos. Dann sagte Robin:

„Also damit hab ich nun überhaupt nicht gerechnet."

Und Anja fügte hinzu: „Sieht fast so aus, als ob er nicht mehr bei den Schwarzen Adlern ist. Vielleicht haben sie ihn rausgeworfen oder es hat ihm mit der Zeit selbst gestunken ..."

„Ist euch aufgefallen, dass er John zu mir gesagt hat?", fragte John. „Das ist was Neues und ich glaub, dass es kein neuer Trick von ihm war. Irgendetwas in seiner Stimme klang anders ... Würde mich nicht wundern, wenn wir mit ihm noch mehr Überraschungen erleben."

„Vielleicht läuft er immer noch mit deinen glühenden Kohlen auf dem Kopf herum", lachte Robin.

„Die Pudelmütze hält sie jedenfalls warm", setzte Anja hinzu.

Durch den Lautsprecher kam eine gequetschte Stimme, die den Zug ankündigte. Und zwei Minuten später brauste er heran.

Anja streckte Robin die Hand hin.

„Also, tschüss Robin. Es war toll bei euch. Hätte ich gar nicht gedacht."

„So, was hast du denn gedacht?"

„Na ja, dass es irgendwie langweilig normal sein würde. Aber das war es ja nun gar nicht."

Als sie sich zu John umwandte, streckte der ihr eine kleine, eingepackte Schachtel hin.

„Für dich, als kleine Erinnerung."

Anja lächelte und ihr Gesicht bekam etwas Farbe.

„Find ich ja total nett. Vielen Dank."

Und bevor John wusste, wie ihm geschah, hatte Anja ihn schnell umarmt und ihm einen Kuss auf die Wange gedrückt.

„Ich musste doch noch die verlorene Wette einlösen", sagte sie. „Und ... Na ja, wahrscheinlich hätt ichs auch ohne Wette gemacht."

Sie packte rasch eine ihrer Taschen. „Ich glaube, ich muss jetzt einsteigen."

John war ziemlich verdattert und so nahm Robin die andere Tasche in die Hand und reichte sie Anja hoch, die schon in den Wagen geklettert war.

Der Mann in der Uniform hob seine Kelle und pfiff, die Türen fielen krachend ins Schloss und der Zug setzte sich langsam in Bewegung.

Anja schob das Fenster hinunter, lehnte sich nach draußen und winkte.

John lief nebenher.

„Also, bis in vier Wochen!", schrie er.

„Bis in vier Wochen!", schrie sie zurück und lächelte

John zu. Dann gewann der Zug mehr und mehr an Fahrt und verschwand hinter der Biegung.

Als John und Robin dann zurückschlenderten, fragte Robin: „Was war eigentlich in der Schachtel?"

„Großes Geheimnis."

„Na komm schon, mir kannst du es doch erzählen."

„Ich habe eine kleine, geschnitzte Figur aus Ghana hineingelegt und einen Brief."

„Aha. Jedenfalls hat sie sich sehr gefreut. Sie ist ja richtig rot geworden."

John schwieg. Aber nach einer Weile sagte er: „Also, eine Sache ist schon praktisch, wenn man eine dunkle Haut hat."

„Was denn?"

„Keiner sieht, wenn du rot wirst."

Materialien

Interview mit dem Autor Albrecht Gralle

Albrecht Gralle wurde 1949 geboren und lebt mit seiner Familie in Northeim. Als Theologe arbeitete er im In- und Ausland. Seit 1993 ist er hauptberuflich Schriftsteller. Zu seinen Werken zählen historische Romane, Kurzgeschichten und Literatur für Kinder und Jugendliche.

Theologe
jemand, der Religionswissenschaft studiert hat und auf diesem Gebiet beruflich arbeitet

Wie sind Sie zum Schreiben gekommen?

Ich bin eine Leseratte. Schon als Schüler bin ich gerne in die Bücherei am Ort gegangen und habe mir etwas zum Schmökern ausgeliehen. Für die Schülerzeitung habe ich auch mal eine Kurzgeschichte verfasst. Aber im Fach Deutsch hatte ich leider immer nur eine Drei. Später, da war ich schon über dreißig, saß ich in einem Café und hatte nichts zum Lesen dabei, und dann dachte ich mir: Jetzt schreib ich einmal eine Geschichte, die ich selbst gerne lesen würde. Daraus hat sich ein Hobby entwickelt. Ein Freund hat mir geholfen, die erste Geschichtensammlung in einem Verlag unterzubringen. Das Hobby hat dann immer mehr Zeit verschlungen, bis ich mir gesagt habe: Das will ich jetzt hauptberuflich tun. Am Anfang verdient man nicht viel beim Bücherschreiben. Es ist ein mühseliges Geschäft. Ich konnte das nur durchführen, weil meine Frau in ihren Beruf eingestiegen ist. Mittlerweile lohnt es sich auch finanziell.

Ihre Literatur ist sehr vielfältig. Woher stammen die Ideen für Ihre Bücher?

Ach, das ist ganz unterschiedlich. Ich habe ein kleines

Notizbuch bei mir, da trage ich alles ein, was mir so auffällt: eine tolle Landschaftsstimmung, ein interessanter Mensch, ein seltsames Ereignis, eine außergewöhnliche Zeitungsmeldung oder ein Traum. Daraus ergeben sich manchmal Ideen für Bücher. Zumindest Anfänge. Ich habe gemerkt: In einem guten Anfang steckt oft eine Geschichte. Ich entdecke sie, während ich schreibe. Das ist so, wie wenn man an einem kleinen Faden zieht und es kommt immer mehr. Wahrscheinlich ist das überhaupt so bei kreativen Prozessen. Sie entwickeln sich und kommen in Gang, wenn man angefangen hat. Und oft muss ich mich zwingen, anzufangen.

Mich interessierte schon immer das frühe Mittelalter, also habe ich mich mehr damit beschäftigt und darüber gelesen. Daraus sind meine historischen Romane entstanden. Und dann habe ich eine Familie mit vier Kindern. Für die musste ich oft bei langen Autofahrten Geschichten erfinden, um sie bei Laune zu halten. Manche Ideen aus dieser Zeit tauchen in meinen Kinder- und Jugendbüchern auf.

Wenn Sie eine Idee haben, schreiben Sie dann ununterbrochen den ganzen Tag?

Nein, das geht bei mir sehr nüchtern zu. Meine Arbeitszeit ist normalerweise von neun bis halb eins. Danach koche ich das Mittagessen. Nachmittags schreibe ich eher nicht. Da erledige ich andere Arbeiten: jäte Unkraut, mache Besorgungen oder Ähnliches.

Am frühen Abend setze ich mich dann noch mal an den PC, aber nicht lange. Wenn ich bis spät in die Nacht tippen würde, könnte ich gar nicht einschlafen und wäre irgendwie ausgelaugt.

Welche Bedeutung haben Bücher und das Lesen an sich für Sie? Gibt es diesbezüglich besondere Erinnerungen?

Als Kind habe ich gerne Märchen gelesen. Das mache ich bis heute. Als ich zehn Jahre alt war, habe ich mir Zauberbücher ausgeliehen und Zaubertricks vorgeführt. Das war sehr unterhaltsam für die Zuschauer, besonders, wenn die Tricks nicht funktioniert haben. Dann gab es ₅ eine Karl-May-Phase, später Krimis und Romane. Mir hilft das Lesen, in eine andere Welt einzutauchen und mir das Gelesene vorzustellen. Oft haben mich bestimmte Bücher begleitet, mich getröstet und mir weitergeholfen, zum Beispiel die Bücher von Erich Kästner oder Gedichte ₁₀ von Rainer Maria Rilke, die Bibel, Bücher von Hermann Hesse, die Narnia-Geschichten von C. S. Lewis und: Der Herr der Ringe.

Wie sind Sie darauf gekommen, Ihr Jugendbuch „Die Rückseite der Angst" zu schreiben?   ₁₅

Das ist eine lange Geschichte. Es fing damit an, dass ich in unserer Zeitung von drei Schülern las, die einen Umweltklub gegründet hatten. Das gefiel mir. Zufällig kannte ich einen davon: Fidelis Antwi. Er kommt aus Ghana, Westafrika. Wir haben uns über den Klub unterhalten. ₂₀ Und ich habe dann auch mal nachgefragt, ob er irgendwelche Schwierigkeiten wegen seiner dunklen Haut in der Schule habe. Manchmal schon, meinte er. Wir kamen darüber ins Gespräch.

Jedenfalls, danach ist die Idee entstanden, darüber ein ₂₅ Buch zu schreiben. Ich habe mich dann mit Rechtsradikalismus und Ghana beschäftigt und mit dem Schreiben angefangen. Wer das Buch aufschlägt, wird feststellen, dass es Fidelis Antwi gewidmet ist. Inzwischen ist er erwachsen, hat die Schule abgeschlossen und studiert in Hamburg. ₃₀ Seine Schwestern leben auch in Deutschland. Nur seine Mutter ist nach Ghana zurückgegangen.

Sie schildern in dem Buch, dass sich Jugendliche gegen aufkommende rechte Gewalt und Schikane wehren möchten und einen friedlichen Weg finden, dies zu verwirklichen. Mit welchen Argumenten würden Sie Ihre jungen Leserinnen und Leser dazu motivieren, Courage zu zeigen?

Ich finde, es ist wichtig, mutig zu sein, damit man sich morgens im Spiegel in die Augen sehen kann. Mit Feigheit auf Dauer zu leben, ist ziemlich mies. Und warum sollte ich anderen nicht helfen? Schließlich ist mir auch schon oft von anderen geholfen worden.

Die meisten Leute würden gerne mutiger sein und warten manchmal nur darauf, dass einer anfängt.

Ein Thema Ihres Buches ist die Zukunft und wie unsere Welt in einigen Jahrzehnten wohl aussehen wird. Was sind Ihre persönlichen Vorstellungen dazu? Was befürchten Sie bzw. was wünschen Sie sich?

Ich befürchte, dass diese Welt in Zukunft unter uns Menschen immer mehr leiden wird. Wahrscheinlich stehen uns noch ein paar Katastrophen bevor. Ich wünsche mir, meinen kleinen Beitrag zur Bewahrung der Schöpfung beizusteuern. Aber solange sich diese Erde dreht, freue ich mich auch, darauf zu wohnen. Es lohnt sich, jeden Tag zu leben.

Welche Rückmeldungen erhalten Sie von Jugendlichen, die Ihr Buch gelesen haben?

„Eh, Mann, total spannendes Buch", sagte mal ein Schüler zu mir. Was wünscht man sich als Autor mehr?

Es gab aber auch Leser, die gesagt haben: Das ist alles viel zu positiv. Leider ist es im täglichen Leben nicht so.

Okay, das stimmt. Aber ich kenne eben Leute, die durch ihr Handeln eine gefährliche Situation entschärft haben und mutig waren. Es gibt auch im täglichen Leben „happy ends". Warum sollte man das verschweigen?

Möchten Sie den Leserinnen und Lesern des Buches noch etwas mit auf den Weg geben?
Ich möchte meinen Lesern Mut machen, mutig zu sein, ₅ auch wenn es in die Hosen geht. Frei nach Erich Kästner: Es gibt nichts Gutes, außer man tut es.

Arbeitsanregungen

– In dem Interview beschreibt Albrecht Gralle, wie die Ideen für seine Bücher entstehen. Notiere, welche Anregungen er beispielhaft nennt. Füge selbst weitere Eindrücke, Situationen und Empfindungen hinzu, die jemanden zum Schreiben veranlassen können.
– Albrecht Gralle nennt das Schreiben einen kreativen Prozess. Was meint er damit? Erkläre mit eigenen Worten.
– Welche Bedeutung haben Bücher für Albrecht Gralle? Unterhalte dich mit einer Mitschülerin/einem Mitschüler darüber. Habt ihr auch schon einmal solche Erfahrungen gemacht? Notiert die Titel der Bücher, die euch besonders beeindruckt haben.
– Der Autor berichtet von unterschiedlichen Reaktionen auf das Buch „Die Rückseite der Angst". Welcher Meinung stimmst du zu? Schreibe deine eigene Meinung zum Buch auf.
– Zum Schluss sagt Albrecht Gralle, dass er es wichtig findet, mutig zu sein. Nimm Stellung zu dieser Aussage. Begründe deine Meinung mit einem Beispiel.

Rassismus ist keine Meinung

**Bei Familienfeiern, in der Schule, auf einer Party: Zu viele denken,
Ausländer wollten sich nicht integrieren und sollten eigentlich gar
nicht da sein – Alltagsrassismus. Dirk Assel arbeitet gegen solche**
**Vorurteile mit dem Projekt „Courage" an. Das Wichtigste dabei:
kluge Argumente gegen dumme Vorurteile. Für ZiSH (Zeitung in der
Schule) hat er neun Vorurteile widerlegt.**

1. „Ausländer nehmen uns die Arbeitsplätze weg."

Durch Rationalisierungen, Arbeitsplatzverlagerungen ins Ausland und Firmenpleiten werden Arbeitsplätze vernichtet. Verantwortlich dafür sind Entscheidungen im Management. Fakt ist, dass Ausländer in Deutschland selbst Arbeitsplätze schaffen. Türkische Firmen beschäftigen in der Bundesrepublik etwa 600 000 Arbeitnehmer. Arbeitslosigkeit ist ein gemeinsames Problem für alle Menschen in Deutschland – egal welcher Nationalität.

2. „Ausländer sind faul und wollen nur Sozialleistungen kassieren."

Dann können sie uns ja auch nicht die Arbeitsplätze wegnehmen! Fakt ist, dass Ausländer für die Gesellschaft mehr erwirtschaften als sie den Staat kosten – mehr als 15 Milliarden Euro. Ausländer zahlen mehr in die Rentenkassen ein, als sie als Rentner ausbezahlt bekommen. Und Arbeitslosengeld bekommen sie nur, wenn sie vorher Beiträge für die Arbeitslosenversicherung bezahlt haben. Unser Grundgesetz garantiert ein Recht auf Asyl und zwar allen Menschen, die von Krieg und Verfolgung bedroht sind. Asylbewerber dürfen erst nach einem Jahr Aufenthalt in Deutschland eine Arbeitsstelle annehmen – und nur solche Arbeitsstellen, für die keine Deutschen oder Angehörige der EU zur Verfügung stehen.

Rationalisierung Einsatz zweckmäßigerer Verfahren in der Wirtschaft, wodurch oft Arbeitsplätze wegfallen

EU Europäische Union

3. „Ausländer bilden Banden und sind kriminell."

Die Wahrscheinlichkeit, dass jemand kriminell wird, hängt nicht von der Nationalität ab. Zudem betrifft jede vierte Straftat von Nicht-deutschen Verstöße gegen das Ausländer- und Asylrecht, die von Deutschen nicht begangen werden können. Das verzerrt die Kriminalitätsstatistik. Studien belegen: Männer sind krimineller als Frauen, Menschen im Alter zwischen 15 und 30 Jahren sind krimineller als Ältere, Arme mehr als Reiche. Letzteres hat auch damit zu tun, dass einige vermögende Menschen sich auf Arten der Kriminalität verlegt haben, die schwieriger zu erfassen sind (zum Beispiel Steuerhinterziehung).

4. „Das Boot ist voll: Deutschland kann keine weiteren Ausländer aufnehmen."

Richtig ist, dass im Jahr 1910 der Anteil der in Deutschland lebenden Ausländer etwa 10 Prozent betrug, heute sind es nicht mal neun Prozent. Aktuell wird die „Vergreisung" Deutschlands diskutiert. Es ist erwiesen, dass unsere Wirtschafts- und Sozialsysteme in Zukunft mehr arbeitende und Beiträge zahlende Mitglieder brauchen. Weil der Anteil älterer Menschen noch weiter ansteigt, brauchen wir mehr junge Menschen,

Mentalität besondere Art des Denkens und Fühlens

die nach Deutschland einwandern. Und wie sähe eigentlich die Fußballbundesliga ohne ausländische Spieler aus?

5. „Ausländer wollen sich nicht integrieren."

Da muss man sich nur mal die Ausländer vor Augen führen, die zur Schule gehen, die studieren, die jeden Tag zur Arbeit gehen, die in Sportvereinen aktiv sind. Wollen die sich nicht integrieren? Was ist mit denen, die Deutsch und andere Sprachen sprechen, die in Deutschland Familien gründen, Betriebe eröffnen, Steuern zahlen und gern „deutsche" Autos kaufen? Wollen die sich etwa nicht integrieren? (…)

6. „Ausländer haben eine ganz andere Mentalität. Sie passen hier nicht hin, das liegt in den Genen."

Wurde das deutsche Gen entdeckt? Wer entscheidet, wer hierher passt? Bayerisch oder preußisch — was ist die deutsche Mentalität? Die europäischen Gesellschaften sind Einwanderungsgesellschaften, die sich ständig verändern, neue Mentalitäten und Lebensstile entwickeln. Veränderung ist die Konstante, Veränderung bedeutet auch, dass es besser werden kann – mit dem eigenen Leben und den Hoffnungen für die Zukunft. Wichtig ist die Unterscheidung zwischen demokratischen Mentalitäten und undemokratischen – und das ist keine Frage der Nationalität!

7. „Hitler hat auch gute Sachen gemacht, die Autobahnen gebaut und die Arbeitslosigkeit verringert."

In den meisten Diktaturen werden Straßen und Fabriken gebaut. Aber auch in demokratischen Gesellschaften werden Straßen und Fabriken gebaut. Der Unterschied ist, dass in Demokratien soziale und politische Grundrechte existieren, Konflikte zivil ausgetragen werden. In Diktaturen werden politische Gegner oft mundtot gemacht, nicht selten ins Gefängnis gesteckt oder gar ermordet.

8. „Es gab keine systematische Judenvernichtung."

Was die Judenvernichtung betrifft, überzeugen Statistiken und Dokumentationen, die von den Nationalsozialisten eigens angefertigt wurden, von selbst. Hierzu sollte man im Internet unter dem Stichwort „Wannsee-Konferenz" recherchieren (auf der Seite der Wannsee-Gedenkstätte www.ghwk.de steht zum Beispiel das Protokoll) – mehr Aufklärung geht nicht.

Konstante
das, was unverändert bleibt

9. „Wir brauchen einen starken Führer."

Eine Erfahrung unserer Geschichte ist, dass einsame Entscheidungen in einer so komplexen Welt nichts taugen. Zur Problemlösung brauchen wir viele Meinungen und Kenntnisse, die diskutiert, bewertet und entschieden werden müssen. Das braucht Zeit, Transparenz und demokratische Institutionen.

ARBEITSANREGUNGEN

– Im Text werden Meinungen widerlegt, die oftmals zu Feindseligkeiten gegenüber Ausländern führen. Suche dir zwei Meinungen heraus und führe mit einem Partner ein Streitgespräch, in welchem du sie durch Argumente aus dem Text widerlegst.

– Bildet Kleingruppen und überlegt gemeinsam, welche weiteren Vorurteile gegenüber Ausländern euch schon begegnet sind. Findet Argumente, wie sich diese Vorurteile widerlegen lassen, und notiert sie. Berichtet dann in der Klasse darüber.

– Wodurch entstehen wohl solche und ähnliche Vorurteile gegenüber bestimmten Gruppen von Menschen? Denke über mögliche Gründe nach. Sammle dann Ideen, was man tun kann, dass solche Vorurteile nicht in unseren Köpfen verankert werden.

– Stell dir vor, ein Freund ist der Ansicht, dass Ausländer am besten ganz aus Deutschland verschwinden sollten. Du willst ihn mithilfe des Zeitungsartikels vom Gegenteil überzeugen. Notiere, was du sagen würdest. Formuliere dabei in eigenen Worten.

Was soll ich in Dortmund?

ARBEITSANREGUNGEN

– Sieh dir die Karikatur genau an und beantworte in Stichworten folgende Fragen:

Was ist zeichnerisch dargestellt?

Welche überraschende Pointe enthält die Karikatur?

Wird in der Karikatur ein bestimmtes Vorurteil angesprochen?

Welche Absicht verfolgt wohl der Zeichner?

Welche Meinung des Zeichners kommt zum Ausdruck?

Teilst du die Meinung des Zeichners? Begründe.

– Stell dir vor, der Junge macht sich Gedanken über das, was der Mann zu ihm gesagt hat. Wie fühlt er sich, welche Wünsche oder Ängste hat er wohl in Bezug auf seine Zukunft in einem Land, in dem er sich nicht willkommen fühlt? Gib dem Jungen einen Namen und verfasse einen inneren Monolog.

Reagieren statt wegschauen!

Im Kampf gegen Gewalt ist Zivilcourage gefordert

VON BEATRICE OSSBERGER

Ein junger Mann steigt am Sendlinger Tor in die vollbesetzte U-Bahn ein. Plötzlich zieht er eine Pistole und hält sie einer Frau an den Kopf. „Soll ich dich abknallen?", brüllt er. Frank Fischer zögert keine Sekunde. Er stürzt sich auf den Mann und versucht, ihm die Waffe zu entreißen. Die Pistole geht los, der 43-jährige Münchner bekommt einen Streifschuss ab. Trotzdem gelingt es ihm, zusammen mit einem anderen Fahrgast, den Mann zu überwältigen.

Die Angst kam erst, als alles vorbei war

„Ich habe nicht lange überlegt, ob ich eingreifen soll", erzählt der Versicherungsangestellte heute. „Ich saß neben der Frau. Mein Leben war selbst in Gefahr und ich wusste, wenn ich die Situation beeinflussen will, dann muss ich sofort handeln." Angst, nein, die habe er in der Situation nicht gehabt. Die kam erst dann, als alles vorbei war. Dann kamen die Gedanken: Habe ich richtig gehandelt? Was wäre passiert, wenn ich schwer verletzt worden wäre? Was, wenn ₅ jemand anders verletzt worden wäre? „Ich habe danach die Situation immer wieder in meinem Kopf durchgespielt", sagt der Münchner. „Letztendlich glaube ich aber, dass ₁₀ ich richtig gehandelt habe." Das fanden auch die Münchner Polizei und das Bayerische Innenministerium. Frank Fischer wurde mit der „Medaille für Innere Sicherheit" ₁₅ ausgezeichnet.

Auch Bechir Laribi war unter den Geehrten. Der Tunesier, der seit 28 Jahren in München lebt, hat einen Dieb gestellt, der einer ₂₀ Rentnerin vor einer Bank die Handtasche entrissen hatte. „Ich habe das aus der Ferne beobachtet und bin ihm nachgelaufen." Als der Mann in einem Keller verschwand, ₂₅ rief er die Polizei. Der Dieb wurde festgenommen.

„Die Frau war alt, sie konnte sich nicht wehren. Da musste ich einfach helfen", sagt Laribi. „Das ₃₀ war eine Selbstverständlichkeit."

Es ist leider keine Selbstverständlichkeit. Sicher, es gibt die Fälle, in denen Menschen Zivilcourage zeigen und eingreifen, so wie Frank Fischer, Bechir Laribi oder der Münchner Günter Erber es getan haben. Der Hausmeister rettete vor wenigen Tagen ein kleines Mädchen aus einem brennenden Haus. Doch das ist die Ausnahme. Die meisten Menschen schauen weg, sie gehen vorbei, sie helfen nicht. Es gibt keine Statistiken darüber, wie viele Verbrechen hätten verhindert, wie viele hätten gerettet werden können, wenn andere eingegriffen hätten. Es gibt nur eine Schätzung der Polizei, die besagt, dass jeder zehnte Unfalltote noch leben könnte, hätten die Leute nicht nur gegafft, sondern auch geholfen. Und es gibt diese furchtbaren Einzelfälle: Die drei Buben Roman, Gerhard und Martin, die vor elf Jahren beim Schlittschuhlaufen auf dem Olympiasee einbrachen und nach fünfstündigem Kampf qualvoll ertranken, weil keiner der zwanzig (!) umstehenden Passanten ihnen beistand. Oder das 17-jährige Mädchen, das vor drei Jahren in der Hamburger S-Bahn vergewaltigt wurde. Niemand der anderen Fahrgäste wollte ihre Hilfeschreie gehört haben. Auch die vielen fremdenfeindlichen Verbrechen, die in der letzten Zeit so oft negative Schlagzeilen machten, hätten verhindert werden können. Der Mosambikaner, der in Dessau zu Tode geprügelt wurde, könnte noch leben. Die Unbekannten, die in Magdeburg zwei Vietnamesen verprügelten, hätten gefasst werden können – ebenso wie die Rechtsradikalen, die in Deggendorf auf einen südländisch aussehenden Plattlinger einschlugen. Niemand hat geholfen. Das hat, nach den Erfahrungen der Polizei, jedoch nichts damit zu tun, dass die Opfer Ausländer waren. Deutschen, die angegriffen werden, wird genauso wenig geholfen wie Ausländern. Die Frage ist also nicht: Helfe ich jetzt dem Ausländer? Die Frage ist: Helfe ich überhaupt?

„Es gibt Menschen, die sagen sich: ‚Das geht mich nichts an.' Sie gehen weiter. Es gibt aber auch viele Menschen, die helfen wollen, sich von einer derartigen Situation aber einfach überfordert fühlen", sagt Manuela Klose vom Münchner Präventions- und Opferschutz-Kommissariat 314. „Da ist zuerst die Schrecksekunde, man ist vor Schreck wie gelähmt. Niemand ist schließlich darauf vorbereitet, plötzlich eine Straftat zu beobachten." Dann kommt die Angst. Die Angst um das eigene Leben und die Angst, sich zu blamieren. „Viele sind unsicher, sie wissen einfach nicht, wie sie sich verhalten sollen", sagt Klose. „Es kann so einfach sein, Zivilcourage zu zeigen." Oft genügt es schon, zu schreien, andere Passanten auf die Tat aufmerksam zu machen oder in S- oder U-Bahn die Notbremse zu ziehen, um ein Verbrechen zu verhindern. Oder man ruft einfach die Polizei, so wie es die Fahrgäste getan haben, die Ende Juli per Handy der Polizei meldeten, dass in der S6 ein Asiate von Skins verprügelt werde. „Niemand soll den Helden spielen und sich selbst in Gefahr bringen", warnt Klose. „Man kann von niemandem erwarten, dass er dazwischengeht, wenn eine Gruppe von Rechtsradikalen jemanden verprügelt. Aber man kann die Polizei rufen." Das könne schließlich jeder. [5]

„Es kann auch helfen", sagt Manuela Klose, „sich eine Notsituation vorzustellen. Sich selbst zu fragen: Wie muss ich mich verhalten, wenn ich in eine solche [10] Situation gerate. Gerät man dann in eine solche Situation, ist man besser darauf vorbereitet." Vorbereiten kann sich jeder auch bei der Münchner Polizei. Seit zwei Jahren [15] werden hier Selbstbehauptungskurse angeboten, in denen man das richtige Verhalten in einer Notsituation lernen kann.

Gesetzlich ist jeder verpflichtet, [20] zu helfen. Unterlassene Hilfeleistung kann mit bis zu einem Jahr Gefängnis und/oder Geldbußen bestraft werden (Paragraf 323c des Strafgesetzbuches). [25]

ARBEITSANREGUNGEN

- Schlage nach, was der Begriff „Zivilcourage" bedeutet. Erkläre ihn dann einer Mitschülerin/einem Mitschüler.
- In dem Text wird von drei Menschen berichtet, die in Notsituationen Zivilcourage gezeigt haben. Notiere, um wen es sich handelt, was diese Menschen getan haben und (falls es erwähnt wird) warum sie es getan haben. Du kannst auch zu den einzelnen Vorfällen Stellung nehmen.
- Aus welchen Gründen schauen Menschen in Notsituationen weg? Fertige dazu eine Tabelle an: Notiere in der linken Spalte die Gründe, die im Text genannt werden, und ergänze sie. Schreibe dann in der rechten Spalte auf, welches Gegenargument jeweils überzeugen kann, dennoch Zivilcourage zu zeigen.
- Der Text gibt Ratschläge, wie man sich in Notsituationen verhalten soll. Formuliere sie zu Verhaltenstipps um und gestalte daraus einen Flyer mit dem Titel „Schau nicht weg!".
- „Es kann so einfach sein, Zivilcourage zu zeigen." Was denkst du darüber? Nimm Stellung zu dieser Aussage.
- Hast du selbst schon einmal eine Situation beobachtet oder erlebt, in der Mut zum Eingreifen gefordert war? Erzähle, was passiert ist und wie sich die Menschen verhalten haben.
- Auf Seite 13 wird John von den Schwarzen Adlern bedroht. Robin schaut zu und unternimmt nichts.
  Lies nochmals die Seite im Buch. Überlege zunächst, wie du dich an Robins Stelle verhalten hättest. Schreibe die Situation dann aus der Perspektive von Robin so um, dass er nicht mehr tatenlos zusieht, wie John schikaniert wird, sondern eingreift.

ZORAN DRVENKAR

es müssen nicht flügel sein
es geht auch ohne

ist eine lüge

wie kann ich ruhe geben   5
wenn es flügel sein könnten

wie kann irgendjemand
ruhe geben
solange auch nur die
kleinste chance   10
auf flügel besteht

ARBEITSANREGUNGEN

- Im Buch geht es darum, für etwas zu kämpfen und die
  Hoffnung auf eine bessere Welt, in der die Menschen
  rücksichtsvoll miteinander umgehen, nicht aufzugeben.
  Lies dir das Gedicht von Zoran Drvenkar aufmerksam
  durch. Inwiefern passt es zur Handlung des Buches?
- Zoran Drvenkar benutzt das sprachliche Bild „Flügel
  haben". Was könnte es bedeuten, wenn jemand beflü-
  gelt ist oder Flügel hat? Erkläre das Sprachbild mithilfe
  eines Beispiels.
- Schreibe aus der Sicht von John einen Fantasietext:
  Wenn ich Flügel hätte, dann ...
- Das Gedicht drückt aus, dass es sich lohnt, an etwas festzuhalten, für eine Idee einzustehen oder an die Erfül-
  lung eines Wunsches zu glauben. Gibt es auch in *deinem*
  Leben Beispiele dafür? Berichte davon.

GUNNEL LINDE

Viel zu jung für die Liebe

Vor zwei Jahren ist Pelle in Sylvias Klasse gekommen. Schon
am ersten Tag haben sich die beiden angefreundet. Aus Sylvias
Sicht erfährst du, wie sie sich näher kennengelernt haben.

Wenn etwas Schönes anfängt, wird es plötzlich immer
mehr und mehr, es taucht überall auf, und man kommt
aus dem Staunen nicht heraus. Eines Tages, als ich von der
Schule nach Hause schlenderte und in die Schaufenster
guckte, hing eine Zeitschrift im Tabakwarenladen. Eine
mit zwei kleinen Kindern auf dem Titelbild. Sie standen
eng aneinandergepresst, Bauch an Bauch, und küssten sich!
Ein kleiner Junge und ein kleines Mädchen. Ich dachte an
Pelle und mich, als ich das Bild sah. Ich dachte daran, dass
alle Leute glaubten, wir wären zu jung, um uns richtig lieb
haben zu können. Dass wir uns noch nicht geküsst hatten.
Dann ging ich nach Hause und legte mich aufs Bett und
dachte an das Bild.

Da klingelte jemand an der Haustür. Ich rührte mich
nicht, ich hatte nämlich keine Zeit. Ich musste an mein Bild
denken. Mama brüllte, Jeppe schrie, er sei auf dem Klo,
und Vesle lief hin. Ich hörte, dass sie einer Jungenstimme
aufmachte, die kurz mit ihr sprach. Die Stimme kam die
Treppe herauf. Sie sagte: „Nein, ich will es selbst abgeben.
Wo ist sie denn?"

Plötzlich stand Pelle in der Tür und Vesle war auch im
Zimmer.

„Ist das der, der Pelle heißt?", fragte Vesle.

Als ob *sie* seinen Namen wissen müsste! *Sie,* die ihn
doch noch nie gesehen hatte! Jetzt konnte er sich natürlich
denken, dass ich über ihn gesprochen hatte!

Mama glaubte, er sei der Laufbursche vom Elektriker, der den Staubsauger abholen wollte. Sie kam damit angeschleppt und drückte Pelle den ganzen Kram wortlos in die Hand. Und dann kam Jeppe aus dem Klo herausgebraust und schrie: „Was ist hier los?" 5

Pelle blieb einfach stehen und sagte nichts. Wahrscheinlich hatte er vollauf damit zu tun, nicht rot zu werden, nicht davonzulaufen und sich nicht zu blamieren. Da konnte er ja nicht auch noch etwas sagen. Am liebsten hätte ich die anderen alle zum Fenster hinausgeworfen, 10 aber nicht so, dass Pelle es sah.

Plötzlich sagte Pelle: „Aha, hier soll also gestaubsaugt werden? Und dabei kann ich das überhaupt nicht! Vielleicht krieg ich es hin, wenn ich es in irgendeinem ganz kleinen Zimmer versuchen darf ... und niemand zuschaut!" 15

Da traten Mama und Vesle den Rückzug an, nur Jeppe nicht. Ihn musste Pelle rauswerfen. Und dann stand er da mit seinem Staubsauger.

Jetzt sahen Pelle und ich uns ganz alleine an. Ohne Love und Maggan, ohne alle Leute, die einen dauernd unter- 20 brechen und mit einem reden wollen. Es war ein anstrengender Augenblick. Wie wenn man von vorne überfahren wird. Pelle lachte überhaupt nicht. Ich auch nicht. Schließlich setzte ich mich aufs Bett. Da schaltete Pelle den Staubsauger an. Er begann in einer Ecke und staubsaugte sich 25 an der Wand entlang bis an das Bett. Dann staubsaugte er an meinem Bein herauf und dann an meinem Pulli, bis der Staubsauger fast erstickte.

Endlich begann er wieder zu lachen! Er versuchte, mich ganz und gar zu staubsaugen. Ich musste mit dem Staub- 30 sauger kämpfen. Als wir den Pulli herausgezogen hatten und das Mundstück wieder Luft schlürfen konnte, wollte Pelle mir den Pulliärmel ausziehen, damit er zu einem

Rüssel wurde. Der Pulliärmel sei auch ein Staubsauger, behauptete Pelle, und jetzt müssten beide Staubsauger sich begrüßen. Aber ich streckte schnell die Hand wieder durch den Ärmel, bevor Pelle dazukam, ihn aufzusaugen. Da setzte Pelle sich neben mich auf die Bettkante und fragte: „Hast du die neue ‚Frau im Heim' schon gesehen?"

„Jaa."

„Woran hast du gedacht, als du das Bild gesehen hast?"

„Woran hast *du* gedacht?"

„Also, ich musste an das Lied denken: ‚Viel zu jung für die Liebe, und doch schon verliebt …'"

Und dann küssten wir uns nicht. Wir sahen uns nur hundert Augenblicke lang an – ohne zu lachen. Ich habe Pelle noch nie so ernst gesehen, weder zuvor noch danach.

ARBEITSANREGUNGEN

- Sylvia bezeichnet den Moment, in dem sie und Pelle sich ansehen, als anstrengend. Warum empfindet sie wohl so? Kannst du ihre Empfindungen nachvollziehen?
- Stell dir vor, Sylvia schreibt einen Brief an eine Freundin, in dem sie ihr von diesem Nachmittag berichtet. Versetze dich in Sylvias Situation und verfasse diesen Brief.
- Im Buch lernen sich John und Anja kennen. Welche Anzeichen gibt es dafür, dass sich die beiden füreinander interessieren? Suche passende Stellen heraus und kommentiere sie.
- Am Ende des Buches bleibt offen, wie es mit John und Anja weitergeht. Stell dir vor, die beiden kommen sich bei einem späteren Treffen so nahe wie Pelle und Sylvia. Schreibe dazu ein Fortsetzungskapitel.

Textquellen

Seite 150–154: Interview mit dem Autor Albrecht Gralle (Originaltext; Abdruck mit freundlicher Genehmigung von Albrecht Gralle).

Seite 155–157: Rassismus ist keine Meinung. Aus: Hannoversche Allgemeine Zeitung, 31.7.2007. (Text leicht verändert und gekürzt)

Seite 160–162: Beatrice Ossberger: Reagieren statt wegschauen! Im Kampf gegen Gewalt ist Zivilcourage gefordert. Aus: www.gesichtzeigen.de, 16.10.2007. (Text leicht verändert und gekürzt)

Seite 164: Zoran Drvenkar: es müssen nicht flügel sein es geht auch ohne. Aus: Zoran Drvenkar: was geht wenn du bleibst. Gedichte. Hamburg: Carlsen Verlag 2005. S. 75.

Seite 165–167: Gunnel Linde: Viel zu jung für die Liebe. Aus: Gunnel Linde: Wie eine Hecke voll Himbeeren. Hildesheim: Gerstenberg Verlag 2005. S. 14–16.

Bildquellen

alamy images, Abingdon/Oxfordshire: Image Source Pink Titel: Umschlagfoto. | Bajazzo Verlag, Zürich: 150. | Thomas Körner, Berlin: joker edition 159.